LUCCIOLE

Della stessa autrice
nel catalogo Marsilio

La nuda verità
Domani interrogo

Gaja Cenciarelli

A scuola non si muore

Marsilio

Le vicende, i personaggi e le circostanze di cui si narra in questo romanzo – così come le organizzazioni, le società e la ricostruzione dei luoghi citati – sono frutto dell'immaginazione dell'autrice. Ogni riferimento a fatti realmente accaduti o a persone realmente esistite o esistenti è da ritenersi puramente casuale.

In accordo con United Stories Agency – Roma

Prima edizione: giugno 2024
ISBN 978-88-297-2033-0
www.marsilioeditori.it

A SCUOLA NON SI MUORE

Questo libro è per Margot,
la mia gatta randagia, regale, infinita.
Casa mia.

«Guarda, magari hai visto qualcosa di talmente
importante che non te ne rendi conto.
Sai, a volte le cose che vedi realmente e quelle che
immagini si mischiano nella memoria
come un cocktail, del quale non riesci più
a distinguere i sapori.»
Profondo rosso

«A me piacerebbe tanto essere uno scrittore, quella
sì che è intelligenza.»
Colombo

I

Non riesce a guardarsi le mani. Terrà gli occhi fissi davanti a sé, tornerà in classe camminando con la schiena dritta, le braccia lungo i fianchi. È stato bravo a non toccare niente, a non sporcarsi inavvertitamente le dita e a mantenere una certa distanza. Batteri, germi, malattie. Il sapore dell'erba sulla lingua gli ricorda il motivo per cui era andato in bagno. Ha lasciato cadere la canna nel lavandino, non si è nemmeno preoccupato di farla sparire. Tornerà in classe e qualcuno gli dirà cosa deve fare. Magari Alessandra lo ammirerà per il suo coraggio, per essere riuscito a mantenere la calma. La vita per come la conosceva gli sembra molto lontana. Così come la sua casa, il suo computer. Il gattino randagio appena adottato. I suoi libri. Come ha fatto a non gridare?

Bussa con il gomito.

«Prego, Ferzetti, si accomodi» dice la voce della professoressa.

Ferzetti entra quasi in punta di piedi e si guarda intorno: osserva Flavia, Sofia, Marco, Daniele, Tarek, Bolivia, Alessandra e tutti gli altri.

«Ferzetti carissimo», la professoressa è ironica, sta inserendo la firma sul registro elettronico. «Che piacere rivederla. È tornato in patria dopo an...»

La professoressa alza gli occhi su di lui e non ce la fa a pronunciare l'ultima sillaba: è più bianco del giorno in cui lei stessa perse i sensi, il viso è di un colore grigiastro su cui spicca una piccola catena montuosa di brufoli rossi, molto rossi.

«Ti senti bene, Francesco?» Passa dal lei al tu, e Ferzetti è l'unico al quale si rivolge dandogli del lei.

Il ragazzo tace.

La professoressa, con la coda dell'occhio, guarda le compagne e i compagni. Sono paralizzati, con la bocca aperta.

L'unico a spezzare il silenzio è Daniele. Salta in piedi, punta il dito contro Ferzetti e con la sua voce tonante dice: «A France', ma che c'hai? Che è successo?»

«Madonna quanto sei bianco» dice Flavia.

«France', ma stai bene?» sussurra Sofia.

Ferzetti scuote la testa.

«Ferzetti.» La professoressa si alza, gli va vicino. «Ferzetti, dove... Cos'è successo?» Fissa il ragazzo negli occhi. Sente che è meglio non dire troppe parole, lo sente a quel livello preconscio che è il territorio in cui lei e Ferzetti si incontrano sempre.

«Stavo andando in bagno.» La voce è stentorea. Lo sguardo fisso.

«E...?»

«Sono passato davanti a un'aula...»

«E...?» La professoressa scaccia quell'informazione agitando la mano davanti agli occhi.

«Era aperta... Ho visto... dei piedi.»

La professoressa pensa che, come al solito, prima di entrare a scuola, Ferzetti abbia fumato una canna. Sospira e scuote la testa.

«Piedi? Bene, e dove li avrebbe visti questi piedi, di grazia? Attaccati a un corpo? E quale sarebbe la novità?»

La classe ridacchia.

«Professoressa, il corpo era... sul pavimento. Era il corpo del... del... Era il corpo del vicepreside.»

La professoressa lo guarda, severa. «Ferzetti, quante volte le devo dire che deve piantarla di assumere sostanze psicotrope prima di venire a scuola?»

«No no no, glielo giuro, glielo giuro, venga con me se non mi crede, venga...»

«Ma dove?»

«Sembrava addormentato... E poi quella scritta in inglese sulla parete, DIES... Qualcuno ha scritto MUORE, capisce?»

Silenzio.

«Mi sono avvicinato, ma non troppo. Era evidente che... Be', quando sono stato abbastanza vicino mi sono reso conto che le mani del vicepreside...»

«Le mani?» La professoressa lo incalza.

«Non c'erano.»

«Come sarebbe, non c'erano?» Flavia sgrana gli occhi.

«Oddio, mi sento male.» Alessandra si copre la bocca.

«Mi sono accorto solo in quel momento che sotto i polsi c'era un po'...»

La professoressa spera che non lo dica. «Andiamo a vedere, Ferzetti.»

«MA È PER QUESTO CHE SEI BIANCO COME UN CADAVERE?» urla Sofia, terrorizzata.

Ferzetti, le braccia molli lungo i fianchi, si piega lentamente sulle ginocchia, davanti alla cattedra, e sviene, con eleganza.

Il corpo del vicepreside è disteso in mezzo a due file di banchi tra loro disallineate. Non fosse per i piedi, sarebbe stato difficile accorgersi della sua presenza. La professoressa lo guarda, piegando la testa di lato. Ferzetti, che nel frattempo sembra essersi ripreso, dà le spalle al corpo. Contravvenendo agli ordini della Magnani, Sofia e Flavia fanno capolino alle sue spalle, in punta di piedi.

«France'? Stai bene?» chiede Flavia.

«Preferirei non ricevere domande idiote, grazie.»

Flavia alza gli occhi al cielo, sospira.

«Ma che fa?» domanda Sofia a bassa voce.

«Mah, guarda il cadavere» risponde Flavia.

«Pure mi' zio è morto male.» È arrivato anche Daniele. Annuisce, compito. «Eh, poraccio.» Sospira anche lui. «S'è fatto becca' coi soldi de...»

«E BASTA!» grida Flavia.

«Ma n'era mica un criminale, sennò nun moriva.» Daniele si stringe nelle spalle. «Me voleva tanto bene, m'ha insegnato tutto lui.»

«Strano che non sia svenuta pure lei, conoscendola» commenta Sofia guardando la professoressa. «Ipocondriaca, ansiosa, sempre con le lacrime in tasca.» Scrolla le spalle.

«Distratta, te sei scordata *distratta*.»

Annuiscono tutti e quattro.

«Distratta è poco, sta sempre co' la testa tra le nuvole.» Ecco anche Alessandra. «Ma poi una come lei che c'ha sempre paura di morire...»

Ferzetti recupera di colpo un briciolo di dignità e si gira verso il cadavere. Non vuole che lei lo veda così sconvolto.

«Pressore'...» sussurra Alessandra.

Margherita Magnani è ancora immobile, sembra imbambolata. Il vicepreside è accasciato su un fianco. È senza mani. Ci sono due piccole aureole di sangue sotto i polsi. Sulla tempia destra, quella visibile, c'è un buco, il segno di una pallottola. Ha gli occhi sbarrati, sembra sorpreso. È vestito come al solito: completo grigio principe di Galles, camicia bianca, cravatta bordeaux. I mocassini neri e lucidissimi. Da quella distanza riesce solo a distinguere l'intestazione della scuola e la scritta VERBALE DEL CONSIGLIO DI CLASSE, ma non riesce a capire di quale classe si tratti. Forse la Quinta C, è stato l'ultimo consiglio della giornata e si è tenuto proprio in quell'aula. Sulla camicia bianca è stato tracciato un grosso I rosso, sembra sangue. Sulla parete a destra rispetto alla testa dell'uomo c'è una scritta anch'essa rossa, ben visibile insieme a un grosso sbaffo, non meno rosso, che lo precede: DIES. Sembra sangue pure quello. Solo che altro sangue, in giro, non c'è. O l'assassino si è ferito perché il vicepreside ha lottato, o il sangue è del vicepreside ed è stato lavato via.

DIES.

Quegli occhi sbarrati le dicono che Giuliano Colagrossi non si aspettava lo sparo. Quindi chi l'ha ucciso dev'essere una persona che lui conosceva, di cui si fidava. Una persona che a suo parere non avrebbe mai potuto fargli del male.

DIES.

In inglese significa "muore". Il soggetto è stato omesso, o magari cancellato dopo una specie di ripensamento. Ecco il perché di quello sbaffo.

Il vicepreside è morto e gli hanno tagliato le mani di netto.

Giuliano Colagrossi ha fatto avvicinare il suo assassino perché si sentiva tranquillo. Nessuno poteva aggredire il vicepreside, né a parole, né con i fatti. Lui si difendeva esercitando il potere, e il suo potere in quella scuola era quasi assoluto. Di certo non si aspettava di trovarsi di fronte un assassino.

DIES.

«Prof?» sussurra Sofia.

«È svenuta in piedi» dice Tarek, e tutti ridacchiano sommessamente.

Flavia allunga una mano sulla spalla della professoressa.

«Prof.»

O un'assassina, per quanto ne sa lei. Certo, mozzare le mani richiede una certa forza, ma conosce un sacco di donne che sarebbero in grado di sollevare un divano da sole. Lei compresa.

Ma perché quella messinscena? L'assassino vuole dirci qualcosa? Il DIES *è ridondante. Lo sappiamo che è morto, è evidente. Perché in inglese?* La Magnani fa un pensiero talmente sconveniente che per poco non scoppia a ridere: se la colpevole fosse Croci Depalo avrebbero risolto il problema della logorrea che uccide. Via, in galera, cattedra libera, si convochi qualcun altro.

Ma Croci è solo pettegola, rompicoglioni, ignorante, volgare, invadente, stupida. Pericolosa, certo, come lo sono tutti gli stupidi, ma non potrebbe mai concepire un omicidio del genere. Troppo complicato per i suoi neuroni che, come le capre, seguono sempre gli stessi sentieri.

«A PRESSORE'!» Daniele le sbuffa in un orecchio.

La professoressa trasalisce. «Eh?» Si volta di scatto.

«Ma che sta a fa'?»

«Ah, niente, guardavo.» Scuote la testa.

La Magnani è ipnotizzata dalla vista del cadavere: fino a qualche ora prima quella persona dettava l'agenda della scuola, e adesso invece ha gli occhi sbarrati. La Magnani ha un problema con la morte, con la fine delle cose e delle persone. «Ce l'hanno tutti» aveva riso la sua terapeuta quando ancora andava in analisi, «non crederà forse di essere la sola, vero? Ecco qual è il suo problema, lei crede sempre di essere *la sola.*» «No, io credo di essere *sola*» aveva risposto la Magnani. «Anche questo è molto comune» aveva borbottato l'analista. E così la Magnani aveva smesso di andarci.

Non aveva saputo spiegare quella rabbia che

la pungeva ogni volta che qualcosa cambiava, o che qualcuno moriva. Era convinta che lei e il tempo avessero stretto un patto: tu resta come sei, io resterò sempre quella che sono. Ma il tempo barava, di continuo, pervicacemente. Faceva cambiare il mondo per come lo conosceva lei, faceva morire le persone, e marcire le cose. La Magnani si sentiva tradita dal tempo.

Anche il vicepreside cambiava sempre abito. Non l'aveva mai visto vestito allo stesso modo per due giorni di fila, ma quello che indossa ora, lì, ai suoi piedi, è lo stesso completo che portava ieri. Il vicepreside, come il tempo, barava e tradiva, ma l'unica cosa sulla quale non mentiva mai era il suo aspetto.

Ora che non può più reagire prova una strana pena per lui, e non solo perché è morto.

Come suona male, "morto". L'ultima sillaba chiude la parola in modo irreversibile. Anche se lei fosse straniera, quella parola evocherebbe, alle sue orecchie, un rumore sinistro.

Annuisce, è d'accordo con se stessa. Le capita di rado.

Forse invece prova solo pena per la sua ingenuità: per troppo tempo l'ha considerato l'unico uomo corretto e limpido che avesse mai conosciuto.

«Eh, cara mia, sono tutti pieni di soldi e piangono miseria» le aveva detto una volta, all'inizio della loro amicizia. «Ormai "comunista" è diventato una parolaccia.»

Lei aveva annuito con vigore, quasi incantata.

«Ma io sono comunista, cara mia. E non comunista così...» Aveva sollevato entrambi i pugni. «Comunista così!» aveva gridato, imitando il gesto e la voce esasperata di Mario Brega. «Dobbiamo aiutarci tra noi, siamo in estinzione!» Aveva riso. Una pacca sulla spalla. Un caffè. Qualche risata. Margherita Magnani si era sentita compresa: aveva un amico nella scuola.

Allunga leggermente il collo verso il corpo di Colagrossi.

Quel buco sulla tempia è troppo pulito. Le viene in mente la puntata in cui il tenente Colombo indagava su due giovani senza scrupoli e molto ricchi che avevano inventato un marchingegno per sparare al loro professore rimanendo a debita distanza.

E poi quel numero: 1.

Il segno della recisione è netto, come potrebbe produrlo una mannaia: roba da macellai, insomma. Ma perché proprio le mani?

Non può essere una coincidenza. Nero Wolfe diceva: in un mondo di causa ed effetto le coincidenze sono sempre sospette.

Le mani.

Se ne passa una sugli occhi, come se fosse già stanca.

Dove sono finite le mani?

Dà un'occhiata all'aula, ma sa già che non si trovano lì.

Perché proprio le mani?

Guarda gli occhi del vicepreside, la pelle esangue. Si trattiene dal toccarlo: è rigido, si vede. L'hanno ammazzato prima di tagliargli le mani: anche questa è solo un'ipotesi, ma le sembra verosimile. Colagrossi ha un'espressione sorpresa: non resti stupito se qualcuno ti taglia entrambe le mani; se qualcuno ti taglia entrambe le mani i lineamenti vengono contorti dal dolore. *A meno che non l'avessero sedato. Ma allora gli occhi?*

Quegli occhi sbarrati che guardano verso destra, nella direzione da cui dev'essere arrivato il colpo, quando ha sentito la pistola sulla pelle. Il vicepreside non era un piccolo sprovveduto, usava la sua statura anche per offendere. Per *offenderla*.

Prima l'hanno ammazzato, poi gli hanno tagliato le mani. Gli hanno scritto I sulla camicia. E infine hanno scritto DIES sulla parete.

La Magnani abbassa la testa. Quando avrebbe dovuto farlo ha perso l'occasione di litigarci di persona, preferendo rimanere in silenzio: ha avuto paura del conflitto, ma soprattutto era sorpresa. Non si aspettava che avrebbe barato, che l'avrebbe tradita. Però gli aveva voluto bene. L'aveva considerato un amico vero. Uno dei pochi.

Senza di lui la dirigente non avrebbe saputo nemmeno girare la chiave nella serratura del proprio ufficio. Sembrava simpatico, un burbero per finta. Per questo lei gli si era affezionata così tanto.

Perché gli hanno tagliato le mani?

Era evidente che non gli volessero tutti bene, benché sostenessero il contrario. Del vicepreside nessuno parlava male: era un uomo tutto sorrisi e battute, a volte pareva che persino la dirigente fosse sul punto di mettersi sull'attenti, davanti a lui.

Sente un brusio dietro di sé.

«O Madonna.» Alessandra alza gli occhi al cielo.

La professoressa si gira di scatto e, come risvegliandosi da una specie di ipnosi autoindotta, guarda Ferzetti. «Come sta? Meglio?»

Lui annuisce.

«Poveretto...» mormora la Magnani.

Gli studenti che l'hanno seguita fin lì si scambiano degli sguardi increduli.

«Pressore'... ma con tutto quello che j'ha fatto?» dice Sofia.

«A noi ce lo può dire che era uno stronzo, eh!» rincara Flavia.

La professoressa, ancora di spalle, sospira. «Non era uno stronzo. Si è solo comportato da stronzo. Imparate a distinguere le due cose.»

«E che differenza fa, scusi?» interviene Daniele. «Se uno è stronzo, *fa* lo stronzo.»

«Non sempre, Daniele, non sempre. Se sei una brava persona ti può capitare di fare lo stronzo, ma questo non significa che tu lo sia.»

Daniele si stringe nelle spalle. «Troppa filosofia. Se uno è stronzo è stronzo, e se qualcuno je dà 'na lezione per me fa bene.»

Silenzio.

«*Non aver paura, sono io. Non senti che su te m'infrango con tutti i miei sensi?*» mormora la Magnani.

«Eh?»

«Che?»

«Che dice?»

«Niente, niente...» risponde la professoressa. «È Rilke. *Non aver paura, sono io.*»

«Ma che c'entra?» chiede Marco.

«Lo conosceva. Il vicepreside conosceva il suo assassino o la sua assassina.»

«E come fa a dirlo?» interviene Ferzetti.

«È tutto troppo personale. Il corpo fatto ritrovare a scuola, l'I disegnato con il suo sangue sulla camicia, le mani tagliate e fatte sparire. È una faccenda personale, qualcosa che riguarda lui e la scuola, mi sembra più che evidente.»

«Ma lei è sicura che quel numero è stato disegnato col sangue del...» dice Tarek.

«No, non sono sicura, immagino che sia probabile.»

«Pressore'...» Bolivia le picchietta su una spalla, e per via della sua erre moscia quell'appellativo diventa *pvessove'*. «Guardi che non è che ha fatto lo stronzo solo con lei, il vicepreside.»

La Magnani si volta lentamente verso il ragazzo e lo guarda dritto negli occhi. «Che cosa stai dicendo?»

«Non era 'sto padre pio, il vicepreside. Se fidi. Mo', solo perché diceva de esse' comunista... E invece era peggio de...»

«Bisogna chiamare la polizia.» La Magnani lo dice quasi tra sé, cambiando bruscamente argomento. «Vado a prendere il cellulare. Poi mi dici tutto.»

«Ma non ci va dalla preside, pressore'?»

Mentre si incammina verso l'aula, la Magnani si gira e risponde a Flavia: «Dopo. Prima la polizia. E voi non toccate niente e tornate in classe.»

La guardano allontanarsi.

«Mai che riesca a camminare in linea retta» dice Sofia.

Flavia scuote la testa. Tutta quella calma la stupisce: la Magnani è la persona più ansiosa che conosca, e anche la più ipocondriaca.

«LEI MI STA DICENDO CHE UN'AULA CHE DOVEVA ESSERE CHIUSA ERA INVECE APERTA?»

La dirigente scolastica scatta in piedi da dietro l'enorme scrivania, il cellulare ancora all'orecchio.

La Magnani insiste: «No, io le sto dicendo che dentro quell'aula c'è il vicepreside. Morto. Probabilmente ammazzato.» Le parole sfumano davanti a quella donna tutta spigoli, perfettamente truccata, in giacca blu, minigonna e tacchi a spillo. Più giovane di lei, più determinata di lei, più capace di lei, più alta di lei.

«CHI L'HA APERTA?» Continua a tenere il cellulare all'orecchio.

«In verità, io le sto dicendo che il vicepreside è morto. Non è che quell'aula fosse sempre chiusa, dato che ieri sera c'è stato il consiglio di cl—»

«CHI HA LE CHIAVI DI QUELL'AULA? IL VICEPRESIDE, NO? PERCHÉ IL VICEPRESIDE NON RISPONDE NÉ AI MESSAGGI NÉ ALLE TELEFONATE, STAMATTINA?»

La Magnani sospira.

«È spento. Sempre spento. MA CHE RAZZA DI COMPORTAMENTO È QUESTO? E non ha neppure avvisato!» Sbatte il cellulare sulla scrivania di mogano. «Pensate un po', voi docenti, se mi mettessi a fare anch'io così: spengo tutto e non mi presento a scuola. Bello, eh? E invece io sto qui, sempre, dalla mattina alla sera, e ho anche due bambini, mio padre in ospedale, e mi tocca fare tutto da sola, tutto da sola perché il SIGNOR vicepreside si prende la libertà di non venire, di non avvisare e di spegnere il telefono. E poi vi lamentate di me, come se fossi un cerbero, come se fossi un... un...»

Si ravvia i capelli castani attraversati da qualche striscia bionda raccogliendoli dietro le orecchie. La voce ha seguito un crescendo, ora sta quasi gridando.

«Preside, sta arrivando...»

«LEI CHI È? COSA INSEGNA?» Ha un tono talmente aguzzo, quando urla, che la sua voce sembra uno spillo.

«Inglese.»

«Come si chiama? Non mi ricordo di lei.»

«Margherita Magnani.»

«È nuova?»

«No, sono già...»

Si riporta il cellulare all'orecchio. «NON È AL MOMENTO RAGGIUNGIBILE!» strilla.

La porta dell'ufficio si spalanca di colpo, entra una delle segretarie addette al personale.

«Preside, c'è... c'è la polizia.»

«CHI C'È?»

«La... polizia. Dicono di essere stati chiamati per un omicidio.»

«UN OMICIDIO? DOVE?»

«Qui, preside, a scuola.» La segretaria sposta il

peso da un piede all'altro. Sorride alla Magnani, che ricambia il sorriso facendo ciao con la mano.

«A scuola? Qui a scuola? NELLA *MIA* SCUOLA?»

La segretaria annuisce. Si appoggia allo stipite perché è claudicante e non può stare troppo in piedi.

«SARÀ UNO SCHERZO.»

Silenzio.

«E CHI SAREBBE IL MORTO, SENTIAMO?» Comincia a battere la punta di una delle sue Louboutin sul pavimento, impaziente.

Entra un'altra segretaria. «Preside, c'è la polizia, dicono che la professoressa Magnani ha segnalato un omicidio in questa scuola.»

La preside abbassa gli occhi sulla Magnani, come se la vedesse per la prima volta. Piega la testa di lato. «Lei ha chiamato la polizia?»

«Sì.»

«E chi sarebbe il morto, sentiamo.» Ripete la domanda di prima a voce più bassa, più insidiosa.

«Il vicepreside.»

«Ah» risponde la dirigente. Si mette le mani sui fianchi, guarda verso l'alto. «Ecco perché non rispondeva al telefono.» Dopo qualche istante si lascia cadere di peso sulla sedia alle sue spalle. Si fa aria sul viso con le mani. «Mi sento male.»

«Si sente male?» chiede la segretaria arrivata per prima.

«E cosa si sente?» chiede la segretaria arrivata per seconda.

La Magnani sgrana gli occhi.

«Mi sento male, sì, CERTO CHE MI SENTO MALE. Devo fare tutto io qui, e nella *mia* scuola la gente ora si permette anche di essere ammazzata. Adesso sono senza vicepreside. MI SENTO MALE, VA BENE? CHIAMATE IL 112, MA NON PER IL MORTO, PER ME.» Sbatte il pugno sulla scrivania. «Ci mancava solo il morto in questa scuola» ruggisce a bassa voce. «AVETE CAPITO, VOI DUE? CHIAMATE IL 112!» grida alle due segretarie. «MI SEN-TO MA-LE!»

Dal commissariato di zona è arrivata in brevissimo tempo una volante. L'aula viene transennata: non c'è stato bisogno di accertarsi della morte del vicepreside. I nastri con le strisce diagonali bianche e rosse sarebbero anche divertenti da vedere, non fosse per quella scritta nera che recita POLIZIA DI STATO. La porta dell'aula è sbarrata. Tutto il primo piano è stato fatto sgombrare, le studentesse e gli studenti sono come l'erba incolta sul ciglio dei marciapiedi: selvaggi, folti, insuperabili. La scuola ha già visto di tutto: ragazzi arrestati, ragazzi picchiati, ragazzi innamorati e poi in lacrime, abbandonati, sul muretto davanti all'ingresso. Ragazze ubriache, ragazze violente, ragazze che si baciano. Ragazze e ragazzi che si aiutano, che si spalleggiano davanti ai professori, che sorridono quando vorrebbero ammazzarti o ammazzarsi, che digiunano, che cercano. La scuola ha già visto di tutto: insegnanti che sgretolano la reputazione dei colleghi, insegnanti che si parlano uno alle spalle dell'altro, insegnanti che piangono, insegnanti che continuano a crederci, insegnanti che non capiscono che cosa ci facciano ancora lì, insegnanti allergici al potere, insegnanti che abitano il potere, insegnanti che cercano. La scuola ha già visto di tutto: la solitudine, la povertà, la miseria umana, la resistenza, la bellezza dell'inconsistenza, il macigno della consapevolezza, ha visto il passato e vede il presente. La scuola sente le chiacchiere nei corridoi, le chiacchiere in sala professori, le chiacchiere durante i consigli di classe, i collegi docenti, gli scrutini. La scuola sa tutto, vede tutto, sente tutto, sempre, la scuola può tutto.

Succede tutto molto rapidamente. Dopo l'arrivo della volante è il turno degli investigatori della giudiziaria inviati dal commissariato di zona, che a loro volta chiamano il magistrato. Così arriva anche quest'ultimo. È morto un professore. Una persona stimata. «Un pilastro della società» dice la dirigente scolastica mentre la interrogano e il medico del 112 le toglie lo sfigmomanometro informandola che la sua pressione sanguigna è perfetta. «Era bravissimo» dice la segretaria del personale. Anche la segreteria didattica si unisce al cordoglio: «Era uno che risolveva i problemi.» I collaboratori scolastici si profondono in peana decantando la correttezza e l'educazione di Giuliano Colagrossi, sempre in giacca e cravatta, un vero insegnante vecchio stampo, mai troppo amichevole con i ragazzi, «sennò si prendevano troppa confidenza, e lo sanno tutti che la confidenza fa mancare di riverenza». Quando in classe c'era lui, «non volava una mosca». Non aveva nemici, dice una delle insegnanti d'Inglese. «Non si capisce, forse è stato uno sbaglio, magari volevano ammazzare qualcun altro, qui di gente che non sa o non ha voglia di fare il suo mestiere ce n'è a carrettate», alza gli occhi al cielo e sbuffa, «e poi il prezzo lo paghiamo noi che lavoriamo.» «Era molto serio, non guardava in faccia nessuno, a scuola non aveva amici: dal suo punto di vista l'importante era imporsi per il bene dell'istituto» dice un'insegnante di Informatica. «Che simpatico, una sagoma» sostiene l'insegnante di Diritto, con espressione contrita, «se lo prendevi per il verso giusto era anche un battutista: era bravo a raccontare barzellette. Ah, le risate che ci siamo fatti insieme.» «Un tipo molto severo anche con i colleghi, certe scenate a quella d'Inglese durante il collegio docenti, davanti a tutti...» dice un'insegnante di Italiano. «E anche davanti agli studenti. Non che avesse torto, eh, quella d'Inglese della Quinta A è troppo *democratica*, capisce cosa intendo?» Pronuncia quella parola con una smorfia, come se stesse inghiottendo senz'acqua una pasticca troppo amara. «Più di una volta l'ha messa al suo posto, ve l'ho detto, no? Al collegio docenti, e poi in classe, davanti ai ragazzi... Quando l'ha fatto non avrei voluto essere nei suoi panni. Di quella d'Inglese, intendo. È stato umiliante, lo ammetto. È stato veramente, *veramente* umiliante. L'avesse fatto a me non so come... Non credo che sarei rimasta in silenzio come ha fatto lei. È stato brutto. Ma lo sapevamo tutti che Colagrossi aveva un carattere un po'... Non so come dirlo... Un po'... incazzos... Non si può dire, eh? Aveva un carattere un po' aggressivo, ecco; anzi, no, irritab... suscettibile, diciamo suscettibile. Poi, per carità, era una brava persona, ci mancherebbe. Però, insomma, solo la Magnani non si era accorta di quanto in realtà fosse incazzos... suscettibile. Molto in confidenza con la dirigente. Molto. È stato veramente, *veramente* umiliante. Non so se sia stato più umiliante il pezz... la scenata che le ha fatto al collegio docenti o l'agguato che le ha teso in Quinta A.»

«Ha mai avuto contrasti con il professor Colagrossi?» le chiede il commissario Ciardulli.

Nonostante i suoi pasti principali siano composti dall'ansia, Margherita Magnani, in quel momento, non sente niente. Più tardi, Ferzetti le dirà che forse sarebbe dovuta andare al pronto soccorso anche lei, perché non aveva mai visto una persona così bianca: era come se fiotti di sangue fossero schizzati di colpo fuori dai pori della sua pelle lasciandola lì, in piedi, a dispetto di qualsiasi legge fisica. Anzi, non era bianca, ma livida, dirà Ferzetti. Lei lo ringrazierà per il rispetto mostrato nei confronti della sua ipocondria, poi aggiungerà: «Potrebbe essere il caldo. Fa ancora troppo caldo, malgrado sia il 27 ottobre.» Ferzetti scuoterà la testa, deciso: «No, no. Non è il caldo. Lei è livida e basta.»

«Il professor Colagrossi e io siamo stati molto amici, era il mio migliore amico, o almeno lo è stato fino a un certo punto. Poi, non so perché, ha smesso di esserlo.»

«Che cos'è successo?» le chiede il commissario, un uomo assolutamente sprovvisto di peli di qualsiasi natura: niente capelli, niente sopracciglia, niente barba, niente baffi. Occhi azzurri e molto sporgenti. Ha spodestato la dirigente occupando il suo ufficio, e ora siede dietro l'immensa scrivania in mogano intagliato. La Magnani spera che non venga anche a lui un attacco isterico. La preside, dopo aver mandato via l'ambulanza tra il turpiloquio degli infermieri e del medico, è stata relegata tra i comuni mortali, in una poltroncina della segreteria didattica, le mani aggrappate ai braccioli, le gambe divaricate e i talloni ben saldi sul pavimento. Le Louboutin se le è tolte, e sono accanto ai suoi piedi. La dirigente scuote continuamente la testa, borbotta qualcosa, sulle pareti rimbalzano due frasi: «morire ammazzato proprio oggi» e «quanto avrei voluto strozzarlo io».

«Non lo so» risponde la Magnani. «So solo che ha cambiato atteggiamento nei miei confronti.»

«Lei gli ha chiesto per quale motivo?»

«No. Pensavo di essermi fissata. Sa, sono molto ansiosa e a volte l'ansia mi fa rimuginare troppo.» Si stringe nelle spalle. «Però poi ho capito che non stavo esagerando.»

La Magnani ricorda bene quello che era successo durante il collegio docenti di settembre. Erano le 15.30 e faceva ancora molto caldo. All'incirca duecento persone erano riunite nell'aula seminterrata dell'istituto, con le finestre sbarrate da griglie di ferro, in alto, senza aria condizionata. Un'aula lunga e stretta, dove l'ossigeno sembrava venire a mancare insieme alle forze degli insegnanti e in cui l'imponente scrivania dietro la quale si sedevano la dirigente, il vicepreside, la segretaria e un paio di membri dello staff rimaneva nascosta alla vista di tutti, tranne di chi sedeva nelle prime due o tre file. Alcuni docenti stazionavano nel corridoio, in piedi, sperando di essere raggiunti da qualche refolo. Poco prima Colagrossi aveva incontrato la Magnani in corridoio e l'aveva salutata con la solita pacca sulla spalla: «Allora, Magnani, è quasi finito settembre e 'sto caldo ci vuole proprio vedere morti, eh?»

«Lascia stare, che non mi reggo in piedi.» Margherita aveva riso, perché ogni tanto in quei sorrisi e in quegli sguardi di complicità scorgeva ancora l'amico che per lei era stato.

«E allora vatti a mettere seduta, vai, che oggi andiamo per le lunghe. Questa mica sta bene di testa, in caso non te ne fossi accorta.»

«E perché, io sì?» aveva ribattuto la professoressa. Non si fidava più. Non era la risposta che avrebbe dato a un amico. A lui.

Inizia il collegio docenti, e Davide Taranta siede in prima fila. La Magnani tiene il posto al professore di Religione, in quarta fila: arriva sudato e col fiato corto, con una grossa borsa sportiva sulla spalla. È un uomo alto e in forma, ma ha lo sguardo lacrimoso e mansueto di una pecora disorientata, e il naso camuso. Quando sorride, le guance, molto paffute, finiscono per coprirgli il bordo esterno degli occhiali.

«Oddio, grazie! Sono uscito dalla palestra adesso!» dice Barba.

Croci le ha fatto notare spesso che Marcello Barba aveva un debole per lei, e ogni volta Margherita si è sentita scivolare sulla schiena un cubetto di ghiaccio: una sensazione di terrore che nemmeno *Profondo rosso* la prima volta che lo aveva visto.

«Dovresti sistemarti, in fondo è un bravo ragazzo. Una donna sola, alla tua età...» Era la solita considerazione che arrivava subito dopo il suo ossessivo: «Guarda che Barba è pronto per la rasatura, eh?» La Magnani annuiva e sorrideva, una pacca sulla spalla a Croci Depalo e via, verso il bagno, la segreteria didattica, la segreteria del personale, verso una classe qualsiasi, ed eventualmente anche verso una copresenza improvvisata, una supplenza, un potenziamento.

«Non ti preoccupare, ancora non abbiamo iniziato.» Barba le sorride, la testa piegata di lato, come se stesse guardando Beatrice.

La Magnani vorrebbe polverizzarsi e reincarnarsi in una delle grate di ferro che sbarrano le finestre.

Il professor Giuliano Colagrossi ancora non sa che sessantadue giorni dopo quell'assemblea collegiale del 18 settembre morirà con una pallottola nella tempia, le mani tagliate di netto e un I scritto probabilmente con il suo sangue sulla camicia bianca.

Il collegio docenti prevede dodici punti all'ordine del giorno. Alle cinque e mezza stanno affrontando l'undicesimo: valutazioni e congruo numero di verifiche a quadrimestre.

Tra chi propone due scritti e un orale e chi, come il vicepreside, insiste per due o tre scritti e due orali, il volume delle voci di circa duecento docenti si alza: è una specie di palla infuocata che si aggiunge ai trentatré gradi umidi di metà settembre. L'aula magna è sovraffollata, sono più i docenti che, con la scusa di andare in bagno, si fermano in corridoio di quelli che restano stoicamente seduti al proprio posto. Chi parla a bassa voce dice: «Ma vaffanculo, falle te cinque prove a quadrimestre con trenta persone per classe, ma Colagrossi è scemo o ci fa? Purtroppo è pappa e ciccia con quella malata di mente della preside.» A parlare a voce alta sono i rappresentanti sindacali, che propongono una sperimentazione sulle valutazioni: «Potremmo prendere in considerazione l'ipotesi di passare dalle valutazioni numeriche a quelle descrittive. In un liceo di Roma hanno già iniziato e la cosa sta dando risultati positivi.»

Il boato di proteste trasuda stanchezza, sudore, voglia di andarsene a casa: «E certo, togliamo pure i voti, così poi non fanno proprio più niente, tutto lavoro in più per noi. Capirai, i voti sono l'unica arma che abbiamo.»

La voce di Colagrossi si eleva sopra tutte le altre, è come un lazo che acchiappa il toro per il collo riducendolo all'immobilità. «Invece di parlare di valutazioni, pensiamo piuttosto ai docenti di questa scuola che diventano amici degli studenti, togliendo dignità al nostro ruolo e, quel che è peggio, riducendo la propria autorevolezza. Se volete diventare dei buoni insegnanti, degli insegnanti credibili, dei professori – PRO-FES-SO-RI, non so se mi sono spiegato –, dovete fare esattamente il contrario di ciò che fa la nostra docente d'Inglese, *l'amatissima* Margherita Magnani.» Sputa di bocca il superlativo come se, mentre la pronuncia, quella parola lo stesse avvelenando. «Niente di personale, eh, Magnani, ma non si diventa amici degli studenti. Non gli si chiede: "Come stai." A noi non deve fregare niente – NIEN-TE – se stanno bene, se stanno male, se non hanno dormito, se hanno riposato. A noi deve fregare solo se hanno studiato. E se non studiano, via, fuori. La bocciatura è un grande strumento educativo, cara Magnani. C'è poco da fare, non si supplisce alla mancanza di preparazione facendo *l'amicona* con gli studenti. Don Milani è sopravvalutato. Non si può sempre *sortirne insieme*, non si può sempre fare parti uguali tra diseguali.» Sorride mentre parla. Forse pensa che il fatto di sorridere addolcisca i contenuti. Colagrossi non è uno sprovveduto.

Già alla prima ricorrenza del cognome della Magnani, il collegio docenti è ammutolito. Una cosa del genere non era mai successa, nella storia recente di quella scuola. Nessuno aveva mai preso la parola per denigrare pubblicamente un collega.

Colagrossi guarda impietosito, con un angolo della bocca sollevato in una smorfia sarcastica, la Magnani, seduta in quarta fila.

La scuola tace per qualche frazione di secondo. Qualcuno sussurra. La dirigente guarda il vicepreside come se stesse pensando ad altro. Dalle finestre, in alto, arriva un'aria tossica come la calunnia.

La Magnani si guarda intorno come se fosse uscita dal proprio corpo. Le capita, quando succede qualcosa di spiacevole, di doloroso, di grave. Registra il suo cognome qualche istante dopo, e il peso di quella dichiarazione pubblica le arriva fuori sincrono. Colagrossi ha detto davanti a tutti che lei è un'insegnante impreparata e incapace e che fa l'amica dei ragazzi per nascondere la propria impreparazione. Lei, sostiene il collega, è impreparata e incapace. Incapace. Impreparata.

Persino i rappresentanti sindacali sono a disagio, si guardano, distribuiscono sorrisini imbarazzati, abbassano gli occhi.

Incapace, impreparata e incredula.

Non risponde, non riesce nemmeno a pensare. Si è interrotto il collegamento tra la mente e la parola, l'interruttore si è spento. È lo shock, lo sa, le è già successo. Quanto vorrebbe avere la risposta pronta, azzannare alla giugulare, essere glaciale e sferzante e andare a segno, sempre. Ma non ce la fa, non c'è mai riuscita, non ha mai finto di essere in grado di farlo. E Colagrossi lo sa bene.

Il punto dodici riguarda le varie ed eventuali, ma nessuno ha più voglia di avanzare proposte, dubbi o domande. Il collegio docenti è aggiornato. Non più di un paio di persone le danno una pacca sulla spalla. Barba le dice che l'accompagnerebbe volentieri a casa, ma è venuto con la moto e non ha un altro casco. Margherita gli rivolge un sorriso di circostanza, lo ringrazia. Barba la guarda e lei ha paura che stia per scoppiare a piangere. Sembra che trattenga i singhiozzi. Gli fa ciao con la mano, si volta e si allontana.

Vede con la coda dell'occhio Bernardo Lavorino, l'insegnante di sostegno di Mamadou, avvicinarsi e chiederle se vuole bere un gin tonic con lui. «Vado di corsa!» Gli fa un sorriso che nemmeno al dentista e scappa via, sganciandosi dai piccoli gruppi che si formano all'esterno, abbastanza distanti dal suo spazio vitale, ma sempre troppo vicini per essere evitati del tutto. Cristiana la vede sfrecciare verso la fermata della metro e le chiede se vuole un passaggio fino a casa. Margherita rifiuta, ha bisogno di stare da sola, di ripercorrere quei momenti in silenzio, di dare sfogo alla rabbia, soprattutto quella che prova contro se stessa, e di piangere. «Magari ti chiamo dopo» dice alla collega, girandosi verso di lei.

«Quando vuoi» le risponde l'altra, quasi gridando perché Margherita la senta. «Colagrossi è sempre stato un pezzo di merda.»

Margherita, però, già non l'ascolta più, e procede verso la fermata.

«E lei non ha mai chiesto a Colagrossi perché se ne fosse uscito così?» chiede ora il commissario.

«No.»

«E come mai? Non ha detto che era il suo migliore amico?»

«Era già da un po' che aveva cambiato atteggiamento nei miei confronti...»

«E perché?»

«Non lo so.»

«Non gliel'ha chiesto?»

«No. Gliel'ho già spiegato, pensavo di essermi fissata, magari mi sbagliavo. Non volevo rischiare di fare la figura della psicotica.»

«Se io avessi un caro amico che da un momento all'altro cambia atteggiamento nei miei confronti, andrei a chiederglieне conto. Magari si sbagliava e non era vero niente, ma almeno avrebbe potuto parlargli...» Il commissario guarda il collega, in piedi, con la schiena appoggiata alla libreria che copre tutta la parete destra della presidenza. L'altro inarca un sopracciglio, poi torna a fissare la Magnani.

Margherita sospira. Non le riesce facile spiegarsi con un estraneo. Con un poliziotto. Con un commissario che indaga sulla morte di un collega. Di Giuliano Colagrossi.

«Non so perché non l'ho fatto. Forse avevo paura di litigare.»

L'investigatore piega la testa. «Paura di litigare?»

Margherita percepisce un certo scetticismo nel suo sguardo. E nota anche un lampo di derisione.

«Ma sì, gliel'ho detto... Io non... Io, quando si materializza un conflitto all'orizzonte, scappo. Non mi piace litigare, se una persona non vuole più saperne di me avrà i suoi motivi. Non mi piace chiedere, implorare, discutere.»

Margherita si chiede se questo *Magnani for Dummies* basterà ai due investigatori, e per la prima volta, stranamente, ha paura di no. Ecco, ha nominato la paura: le ha aperto la porta, e adesso la paura la paralizzerà.

Il commissario dalla pelle levigata sospira. «Signora Magnani... Professoressa, le consiglio di essere più sincera.»

Il collega, sempre in piedi, annuisce con vigore. Fa un colpo di tosse e dice, parlando per la prima volta da quando la Magnani è entrata in presidenza: «La sua è una risposta un po' vaga, poco credibile. Comunque: a parte quelle dichiarazioni al collegio docenti, c'è stata qualche altra occasione in cui Colagrossi ha... esagerato?»

Per spiegare Keats, Margherita si sta inerpicando in una scalata tra il livello preconscio del linguaggio e l'attualità della parola. Ma, nonostante la fatica per cercare di coinvolgere i ragazzi, vede bene che dietro i loro occhi fissi su di lei il cervello è in standby: il Romanticismo non li convince, non gli piace, li annoia. Ferzetti la guarda con un sorriso beffardo, Marco dorme con la faccia sullo zaino perché di sera lavora in una gelateria, Flavia finge di seguire la lezione solo perché non vuole offenderla guardando altrove, Sofia si liscia i capelli con le mani, annuendo ogni tanto solo per cortesia. Daniele, Tarek, Bolivia e Rabhil, invece, guardano il cellulare tenendolo nascosto sotto il banco, mentre Alessandra mostra il suo disinteresse con un broncio che, tradotto, significa: ma proprio a noi ci devi rifilare 'sta rottura di palle? Ci hai preso per cretini?

Mentre Margherita spiega il paradosso di *Ode on a Grecian Urn*, la porta della classe si spalanca. La persona che entra non ha bussato.

«Niente Pei, ancora?» Non la saluta. Ha una voce tonante.

«Scusa?» Margherita sbarra gli occhi.

«Hai fatto firmare il Pei al consiglio di classe? Il Piano educativo individualizzato.»

«So cosa significa, e comunque sì, l'ho messo a disposizione in segreteria.»

«E ti sei accertata che tutti lo abbiano firmato? Hai chiamato i genitori?»

Colagrossi è serio, cattivo.

Flavia si impone di non intervenire. Sofia si irrigidisce. Ferzetti fissa il vicepreside: il sorriso beffardo è scomparso dalla sua faccia, migrando dalle labbra allo sguardo. Il broncio di Alessandra, invece, è diventato feroce.

«Scusa, Giuliano, ma sarà anche responsabilità dei colleghi andare a firmare il documento, no? Più che avvisarli e dargli una scadenza, non posso fare. Siamo tutti adulti e respons—»

«NO, NON SIAMO TUTTI RESPONSABILI. TU, PER ESEMPIO, NON SEI RE-

SPONSABILE. SEI LA COORDINATRICE DI QUESTA CLASSE DA QUALCHE ANNO, ORMAI. Ma non ti vergogni?» Adesso Colagrossi sibila. Lo fa in quel suo modo speciale, con il tono della voce non abbastanza basso perché la classe possa ignorarlo. «Fai tanto la progressista, l'amica dei ragazzi, e poi metti a rischio il piano personalizzato di uno studente bisognoso. Sei brava, ah sì, sei proprio brava.»

«Giuliano, la scadenza è tra una...» A Margherita viene da ridere. È sicura che tra poco le dirà: dai, ma ci hai creduto? Scherzavo, ma ti pare... Perché di certo non può essere serio. Non può pensarlo davvero. Ha torto marcio, c'è ancora tempo, e il Pei è già stato firmato da quasi tutto il consiglio di classe.

«Eppure lo sai che il povero Mamadou ha bisogno. Lo sai che, oltre a essere dislessico e discalculico, ha un ritardo cognitivo. Lo sai che è disabile. Come se non bastasse il fatto di essere straniero e ne... di colore! MA NON TI VERGOGNI?»

A quel punto, Margherita lo guarda con odio. Sta per rispondergli che se lì c'è uno che non conosce la vergogna quel qualcuno è proprio lui, un vicepreside del cazzo che, oltretutto, insegna Storia e Filosofia e invece di rispettare la privacy, i dati personali e sensibili di un minorenne si prende la libertà di rubare la libertà altrui, sminuendo la dignità dello studente chiamandolo solo per nome e riducendolo alla sua disabilità. Ma non parla. Non gli dice niente. Non vuole dare spettacolo davanti alle ragazze e ai ragazzi. Soprattutto, non vuole che Mamadou si senta ulteriormente chiamato in causa, visto che sta già tremando.

Colagrossi va verso la porta, borbottando: «Io vorrei sapere come hai fatto a vincere un concorso.» Ridacchia tra sé. «Vabbè che tanto ormai in Italia i concorsi per la scuola li vincono cani e porci.»

La porta sbatte alle spalle del vicepreside.

«J'annamo a mena'?» scoppia Daniele, dopo un minuto di silenzio siderale. «J'annamo a mena' a quell'infame, pressore'?»

L'investigatore rimasto in piedi ascolta e riflette. Quello seduto si gira verso di lui.

«Ma da dove viene tutto quest'astio? Perché Colagrossi la odiava così tanto? Doveva esserci un motivo!» dice il primo, irritato.

«Io non credo proprio che lei non lo conosca, questo motivo.» Il secondo parla mollemente, come se la cosa non lo riguardasse. Le persone più pacate sono le più pericolose, Margherita l'ha imparato.

«Io NON LO SO il motivo!» risponde Margherita. «NON LO SO. Chiedete in giro, qualcuno lo saprà. Forse perché sono strana, perché non sono... Perché ho un rapporto molto... personale con gli studenti, perché rimango parecchio defilata e dopo un po' deve aver capito che non poteva contare su di me, che non ero sua alleata, ma *solo* un'amica. E poi, per me, se una persona comincia a mancarmi di rispetto, se mi tratta male, se mi umilia, è finita. Non vale nemmeno la pena di chiedergli il perché. Continuo a salutarlo perché sono educata, ma poi basta: quello che conta per me è fare lezione.»

«Quindi non è solo per via della paura di litigare che non l'ha affrontato» sottolinea l'investigatore rimasto seduto.

Margherita sbuffa. «Anche. Non solo. Ma anche.»

«Continuo a non credere che lei non conosca il motivo di questo livore. Ci pensi, professoressa. Abbiamo tempo. Ci pensi.» Il commissario Ciardulli sorride, sornione.

Margherita ha improvvisamente il respiro corto, ma non le sembra che sia asma. È ansia. Tuttavia una spruzzatina di Ventolin l'aiuterebbe. Infila la mano nella borsa. «Posso?»

«Prego.» Ciardulli guarda il collega e sospira.

Va meglio.

«Allora, professoressa?»

«Io...» Scuote la testa, disorientata. «Non mi ricordo. Non riesco a individuare un momento preciso, non capisco, non l'ho mai capito nemmeno io quel suo atteggiamento.» Abbassa gli occhi. Si guarda le Dr. Martens. Come sono ridotte male: spellate, ammaccate, sporche.

«E dov'era ieri sera tra le sette e le otto?» insiste l'investigatore in piedi.

«Ero qui, avevamo i consigli di classe. Siamo rimasti fino a tardi. Io fino alle otto, circa.»

«È nello stesso consiglio di classe di Colagrossi?»

«Ringraziando tutti gli dèi del cielo, no. Per il primo anno, da quando sono qui, no.»

«Qualcuno può testimoniare che è uscita da scuola dopo l'ultimo consiglio di classe?»

«Certo, Cristiana Pacinotti mi ha accompagnato a casa in macchina.»

«Che ora era di preciso, se lo ricorda?»

«Saranno state le otto e venti quando siamo salite in macchina. Io mi sono fermata un attimo a scuola per andare in bagno, ci siamo date il cambio.»

«E quel documento?» L'investigatore seduto riprende la parola.

Margherita gira di scatto gli occhi verso di lui. «Quale documento?»

«Il Pai.»

«Il Pei. Piano educativo individuale. Per gli studenti con disabilità.»

«Il Pei, va bene. Che fine ha fatto?»

«È stato, ovviamente, firmato da tutto il consiglio di classe, nei tempi richiesti.» Margherita sottolinea quest'ultima frase con una certa rabbia. Ora prova più rabbia che paura, sì. «E dai genitori dello studente.»

«E dov'è, adesso?»

«In segreteria. Dove dovrebbe essere, scusi?»

«Quando dice "studente" si riferisce a Mamadou?» chiede l'investigatore in piedi.

«Si chiama Mamadou Diagne. Ha un nome e un cognome.»

Mentre guardava le Dr. Martens le è tornata in mente una circostanza, la causa del livore di Colagrossi nei suoi confronti. Decide di accantonare il pensiero perché sarebbe assurdo, impossibile – o quantomeno lo sarebbe per lei. Deve ricordare bene, con cura, riandare a quel momento e poi uscirne, e dopo chiedersi se, sinceramente, per Colagrossi quei dieci minuti, quella mezz'ora durante gli scrutini finali, l'anno prima, abbiano davvero potuto cambiare tutto. Ammesso che ci fosse qualcosa da cambiare.

«Mi è venuta in mente una cosa, forse il motivo di tanta rabbia, di quelle umiliazioni. È l'unica cosa alla quale riesco a pensare, non abbiamo avuto altri... conflitti.» Sospira. Poi si affretta a precisare: «Anche se in realtà non è stato un conflitto, non è stato niente, almeno per me. È stato solo... niente, è assurdo.» Scuote la testa.

«Vabbè, ve lo dico comunque.» Ha di nuovo il fiato corto. Tira fuori il Ventolin. Inspira. Parla.

«Dio santo, è più bianca del solito» sussurra Sofia.

«Professoressa!» Ferzetti alza la mano. «L'hanno interrogata?»

La Magnani annuisce, fa una smorfia imbarazzata. «A lungo.»

«Scusi, ma perché non hanno interrogato anche me? In fondo l'ho...»

La professoressa sospira.

Flavia guarda Ferzetti. Sofia guarda Ferzetti. Persino Alessandra guarda Ferzetti. Daniele borbotta: «Questo è proprio deficiente.» Scuote la testa. Marco alza gli occhi al cielo. Tarek, Bolivia e Rabhil scoppiano a ridere.

«Le prendo un caffè» dice Flavia, che si alza e va al bancone.

«No, no, Flavia, niente caffè, sennò mi aumenta la tachicardia e stanotte non dormo. Una tisana calda, rilassante.»

Al Barnout ci sono solo loro, seduti fuori. Il Barnout è il loro bar di riferimento, un'appendice della scuola.

La scuola è tutto un cordone invalicabile. I ragazzi hanno fatto appena in tempo a recuperare zaini, libri, quaderni e giacche. Più giacche che libri e quaderni, a dire il vero. Alcune ragazze si danno di gomito ogni volta che vedono un poliziotto di bell'aspetto. Altri squadrano le guardie con disprezzo. Nessuno studente ha più nemmeno una briciola di erba addosso.

«Insomma, nessuno ha visto niente?»

«Ma dove stavano i bidelli? Dev'essercene uno per ogni piano.»

La Magnani annuisce e risponde che oggi Vittoria e Mario erano a casa in malattia e che Alessandra e Paola del piano di sopra non erano in grado di sostituirli, quindi il primo piano è rimasto scoperto per parecchio. «Ma non è questo il problema. Il corpo del vicepreside stava lì da ieri sera.»

«Eh?»

«Perché?»

«Come fa a dirlo?»

«Ma questo nun ce l'aveva 'na casa? Perché stava qua?»

Daniele sbuffa. «Ma quando hanno aperto l'aula nessuno l'ha visto? Stamattina i collaboratori non hanno pulito la classe?»

«Quell'aula doveva restare chiusa, una volta era l'aula Covid, ora ci fanno solo i consigli di classe» risponde la Magnani. «E poi la scuola è immensa, chiunque si sarebbe potuto nascondere e poi sgusciare via dalle finestre, siamo seri. Anche nella vostra aula le finestre non si chiudono bene, in inverno non fate altro che lamentarvi!»

«Vabbè, ma non la puliscono nemmeno? E poi scusi, eh, ma i piedi dovevano vedersi...» insiste Sofia.

«Magari oggi le collaboratrici si sono concentrate sul loro piano, e quando hanno aperto l'aula non ci hanno fatto caso. Del resto il corpo del vicepreside stava in fondo alla classe...»

«Ma come fa a essere sicura che il vicepreside stava qui da ieri sera?» chiede Alessandra.

«Era vestito come ieri sera ed è morto nella stessa aula in cui si è tenuto il consiglio di classe della Quinta C.» Beve un sorso di tisana calda.

«Madonna che puzza 'sta tisana, ma che è?» chiede Sofia.

«Una tisana per aumentare le difese immunitarie, alla curcuma» risponde la Magnani, imperturbabile.

Ferzetti cambia posto e va a sedersi vicino ad Alessandra.

Flavia agita la mano come per scacciare una mosca.

«Professoressa...» sussurra Ferzetti.

«Sì?»

«Ma quindi non ha fatto il mio nome?»

«Non ce n'è stato bisogno. Nessuno ti ha visto, lo sappiamo solo noi. Ho detto che sono stata io a passare di lì e a notare per caso la porta dell'aula aperta.»

Ferzetti tace.

Daniele scuote la testa. «Pe' me ha sbagliato. Quello se la meriterebbe, un po' de galera.»

«Disse colui che è lucido mezzo secondo ogni ventiquattr'ore» ribatte Ferzetti.

«Ahó, basta voi due, che qui le canne se le famo tutti. Piantatela» interviene Tarek.

Flavia guarda fissa la Magnani. «Stai bene? No, cioè, scusa... Cioè, scusi... sta bene?»

La Magnani annuisce. «Devo capire chi è stato.»

Flavia sibila: «Ma perché? Che ti frega? Era uno stronzo. E poi, dopo che ti ha trattato come ti ha trattato...»

Tutti tacciono e la guardano.

«Ha trattato male anche altri, Flavia. Ma ha fatto una brutta fine.»

«Ma quale brutta, pressore'!» dice Daniele. «Un colpo de ferro e via, ha stirato le zampe. Manco se n'è accorto!»

«E poi sulla parete c'è scritto DIES. In inglese.» Flavia è feroce e fredda. La sua è una rabbia gelida.

«Guarda se non ti incasini, eh» borbotta Sofia. Ormai sono passati dal lei al tu: al Barnout diventano tutti uguali.

«L'inglese lo conoscono tutti» risponde la Magnani, serafica.

«ODDIO, TUTTI TUTTI NO. NOI, PER ESEMPIO...» Daniele scoppia a ridere.

«Ahó, parla pe' te» dice Marco.

«Ecco, bravo. Parla pe' te» ribatte Sofia, accendendosi una sigaretta.

«Comunque devo capire chi è stato.»

Flavia alza gli occhi al cielo.

Bolivia si stringe nelle spalle, guarda Rabhil.

Una mano si posa sulla spalla della professoressa. Stavolta è lei a levare gli occhi al cielo. Senza girarsi dice: «Ciao, Croci.»

Sofia, Alessandra e Flavia si alzano con la scusa di andare in bagno. I ragazzi prendono in mano il cellulare e fingono di non vedere la nuova arrivata. Ferzetti resta impassibile, lo sguardo perso nel vuoto, un sorrisino beffardo sul volto. Dall'altra parte della strada, l'ambulanza chiamata dalla segreteria per la dirigente si allontana con la sirena spenta.

«Come sta la preside?»

«Quella ci seppellisce tutti.» La donna si siede accanto alla Magnani.

«Quindi non l'hanno portata via?»

«Ma quando mai!» Ride a bocca aperta, ma i suoi occhi azzurri restano seri, inespressivi. «Hai visto che casino, sì? Quel poveraccio.»

«Eh, sì.»

«Era uno stronzo, da vivo.» Croci – diminutivo di Crocifissa – Depalo insegna Italiano e Latino. «Però che brutta fine che ha fatto.»

«Eh, sì.»

«Io gliel'ho dovuto dire alla polizia dei pezz...

delle scenate che t'ha fatto al collegio docenti e in Quinta A. Scusa eh, ma alla polizia è meglio dire la verità, capiscimi. Mi capisci?»

La Magnani annuisce rassegnata, gli occhi chiusi a implorare una pena adeguata a quel crimine contro l'umanità.

«Tanto gliel'avranno detto anche gli altri, quelle sono cose che non si dimenticano. Che poi, detto tra noi, era una brava persona ma insomma, io l'ho sentito parlare male degli studenti, eh. E non è che dicesse le cose che si dicono di solito, quelle le diciamo tutti, no? E dai, Margherita, le dici pure tu, non fare la santa e l'amica dei ragazzi perché tanto le dici pure tu.»

Da dietro la vetrina del Barnout, Flavia, Sofia e Alessandra sghignazzano, componendo ciascuna una croce con gli indici delle mani.

«Vabbè, dai, certe cose le diciamo tutti, non negarlo.»

Margherita è inerme, e immobile. Non solo non ha azzardato cenni di diniego, ma ha anche accertato l'impossibilità di frenare quell'autoarticolato di parole.

«Lui però era pesantino eh, capiscimi, mi capisci? Comunque: sarà stato qualche pervertito, qualche drogato. Qui è pieno di froci, di lesbiche, di mignotte. Scusa le parole, eh, ma a me tutto 'sto politicamente corretto m'ha stancato. Ti dico che è pieno. Questi sono dei pervertiti, su. Solo i pervertiti fanno certe cose, la gente perbene non le fa.»

La Magnani sospira. Ricorda una puntata di *Colombo* in cui un conduttore radiofonico, di rara strafottenza, uccide un tizio e, per depistare le indagini, dice al tenente che la vittima era omosessuale, e che quindi l'omicidio poteva essere stato causato dai comportamenti inusuali tipici dei gay. Colombo gli risponde che lui non è pratico di quelle vicende, che lui ha sempre avuto a che fare con mariti impazziti che ammazzano le mogli e con mogli impazzite che ammazzano i mariti.

Quanto vorrebbe essere il tenente Colombo.

«Sinceramente, scusa, mi ci vedi come assassina? NO.»

«Eh, no.» Sei troppo cretina, pensa Margherita, sorridendole comprensiva.

«Chissà cosa faceva il vicepreside in privato. Non trovi strano che fosse single? Niente donne, niente figli, niente di niente: solo la scuola. Forse era frocio. Non è normale che non avesse una donna. Oddio.» Abbassa gli occhi sull'orologio con i cuoricini dorati al posto dei numeri. «Ma è tardissimo! Devo uscire con Rex, chissà se mio marito gli ha preparato da mangiare. Comunque la polizia mi ha interrogato, hai presente il consiglio di classe della Quinta C di ieri sera? Ora ci interrogheranno tutti. Che casino. Poi ti racconto per bene, eh. No, perché tu devi sapere, voglio la tua opinione. A proposito, ma l'hai scoperto tu il cadavere, vero? Devi raccontarmi tutto, anche i particolari più scabrosi; non ti preoccupare, non mi scandalizzo, dimmelo se era nudo, eh. Figurati, un uomo senza donne. E pure tu, però, ancora senza un uomo... Dai, non sei mica da buttare, magari non sarai di primo pelo ma nemmeno da ospizio, se ti guardi intorno uno straccio d'uomo lo trovi: c'è quello di Religione, ma pure quello di sostegno, quel Lavorino... Anche se per me è gay, Lavorino... Comunque su, su, non è che puoi pretendere chissà che a questa età, e poi più si va avanti e più è difficile, non ti fa bene stare da sola, datti da fare che poi da vecchia chi ti aiuta?» Si alza e comincia ad allontanarsi. «Ciao, eh, bella, a domani, ciao ciao», e continua ad agitare la mano mentre attraversa la strada.

La Magnani pensa che la strada è insolitamente deserta e le poche macchine che la percorrono procedono mantenendosi entro i limiti di velocità: le probabilità che i pedoni vengano investiti sono scarse.

2

Il cellulare esplode di messaggi. Gruppi di classe, colleghe e colleghi che le scrivono anche singolarmente azzardando un «Come stai?» nella speranza di avere qualche informazione in più. Tanti messaggi di cordoglio e ipocrisia. La sua è una scuola immensa, il corpo docenti è composto da persone che spesso non si conoscono, o che si conoscono solo di vista. Il vicepreside però lo conoscevano tutti, un po' per il suo ruolo, un po' perché era impossibile ignorarlo. Il vicepreside era adorato perché temuto. Anzi, era temuto e quindi adorato.

Preferiva detestarlo da vivo, il professor Giuliano Colagrossi. La persona più vicina a un amico, un complice, un sodale che lei abbia mai avuto. Cosa tanto più rara essendo un collega. E lei all'amicizia sincera e disinteressata tra colleghi non aveva mai creduto. Giuliano era stato il primo ad accoglierla quando aveva iniziato il suo anno di prova in quella scuola: l'aveva rassicurata e protetta, le aveva offerto il caffè e il pranzo e la cena, l'aveva ascoltata, sostenuta, coinvolta. Mai una parola fuori posto. Mai un gesto inopportuno. Un signore, come avrebbe detto sua madre ricorrendo a una definizione un po' desueta. Un uomo come è giusto che siano gli uomini, diceva invece lei. Erano d'accordo su tutto: provvedimenti, iniziative, e poi i progetti, gli studenti. Condividevano la stessa visione della vita, la stessa idea di giustizia ed equità, lo stesso senso dell'umorismo. Era stato il suo porto sicuro per due anni, in quella scuola immensa ed emotivamente impegnativa – non certo per le ragazze e i ragazzi, no, quelli erano sempre stati l'unico motivo che l'aveva spinta a continuare, la sua grande storia d'amore –, e poi, a poco a poco, Giuliano aveva cambiato pelle. Come un serpente che fa la muta, aveva cominciato a indossare parole diverse.

«Guarda che eri l'unica a non essertene accorta» le ha detto sarcastica l'insegnante di Scienze motorie.

Non si era mai accorta che spesso Giuliano si chiudeva nell'ufficio della dirigente per parlarle. «Lo sappiamo tutti che faceva la spia. Prima ti faceva parlare, faceva l'amico, e appena tu te ne uscivi con qualche critica alla preside o alla scuola, lui andava a spifferare tutto. Molti di noi hanno evitato anche te, visto che stavate sempre insieme. Nessuno si fidava di te.» Mariarosa si è stretta nelle spalle. «Vabbè. Mi dispiace.»

Giuliano non era solo una spia. «Le spie sono infami, pressore'» dicevano i suoi studenti. Giuliano l'aveva umiliata due volte e, soprattutto, l'aveva derubata di un amico, o della convinzione di averne uno. Non c'è una scuola dove si impara a distinguere il giusto dallo sbagliato. Non c'è, ma forse la scuola è il posto giusto per esercitarsi in quella disciplina olimpionica.

Le sono sempre sfuggite le informazioni fondamentali, a scuola come nella vita. Ha dato troppo spesso per scontato che se si fosse comportata con onestà sarebbe stata trattata allo stesso modo. Quindi, evidentemente, ha creduto che esistesse un mondo giusto, una rete di aiuti, di collaborazioni, di solidarietà. Considerava Colagrossi il suo migliore amico quando, l'anno prima, agli scrutini finali, per la prima volta si era trovata in disaccordo con lui. Ma poi "disaccordo" è una parola che non si adatta a quella circostanza: gli aveva semplicemente fatto notare che si stava sbagliando. Un errore stupido, una distrazione, niente di importante.

Trentotto gradi l'11 giugno scorso, e tutti i componenti del consiglio di classe, dirigente scolastica compresa, sono riuniti in presidenza. La lim è sulla destra della lunga scrivania di mogano, dietro la quale siede la preside: sullo schermo vengono proiettati i voti della Quarta A, materia per materia.

C'è un silenzio innaturale. L'anno prima, la Magnani condivideva quella che quest'anno è la Quinta A con Colagrossi, e ogni volta che a un consiglio di classe o a uno scrutinio partecipa anche il vicepreside, l'atmosfera è tesa e gelida. All'epoca credeva che fosse merito di Giuliano, della sua autorevolezza. Adesso è convinta che il merito non c'entrasse niente, anzi, e che quella di Colagrossi fosse piuttosto una colpa. Nessuno parla con i colleghi, non si ride, non si sorride. Niente battute, nessuna domanda. Tutti concentrati sul proprio tablet, sul pc o sulla lim.

Scorrendo l'elenco degli studenti, Colagrossi scorre le materie e le relative valutazioni, e arriva a Sofia. Legge: «Filosofia 4, Storia 8, Lingua e letteratura inglese 9, Italiano 8, Matematic—»

«Giuliano, ma guarda che è impossibile che abbia 4 in Filosofia.»

La voce di Margherita risuona in quella sala dal soffitto alto, quasi suo malgrado. Ha parlato d'istinto, quasi come se stesse pensando ad alta voce. Tutti si voltano verso di lei. Colagrossi si interrompe. Lo sguardo è una lama di fuoco che vorrebbe incenerirla. In quel momento non ci fa caso, non crede che quella rabbia sia diretta contro di lei.

«Ieri mi hai detto che Sofia è bravissima, e che le avevi dato 8!»

Il silenzio di prima è diventato un ghiacciaio.

«Professore?» interviene la dirigente, abbronzatissima, con un tubino nero e un paio di Louboutin di pelle verniciata con i colori dell'iride e gli spuntoni, aperte sulla punta. «Si è sbagliato? Vuole correggere?»

«Se ho scritto 4 evidentemente è 4» sentenzia Colagrossi, fissando irritato la preside.

«Ma Giuliano, com'è possibile, scusa? La scuola è finita l'8. Non può essere successo niente, ieri» ride la Magnani.

«Professore, vediamo i voti delle verifiche, così ci togliamo questo dubbio» dice la preside, sventolandosi con un ventaglio nero a fiori stampati.

Colagrossi è paonazzo. Digita sulla tastiera, dopo qualche minuto compaiono le valutazioni dell'ultimo quadrimestre relative a Filosofia.

Sofia Piroso: 7 e mezzo, 8 e mezzo e 8 alle verifiche orali. 7 e mezzo e 8 a quelle scritte.

«Professore, ha ragione la collega. Qui rischiamo un ricorso, corregga il voto.» Glielo dice con mitezza, quasi con timore. Sorride.

Margherita non ha mai visto la preside sorridere: urlare sì, chiamare il 112 anche, citare senza motivo *Il piccolo principe* pure, ma sorridere mai.

Colagrossi elimina il 4 e lo sostituisce con un 8.

La Magnani è felice per Sofia, ed è così felice di non essersi distratta – una volta tanto – che non si rende conto dell'umiliazione inflitta pubblicamente al vicepreside, né delle conseguenze che questo evento potrebbe avere. Gli ha detto che si è sbagliato davanti a tutti, persino davanti alla dirigente. Non si accorge che alcuni componenti del consiglio di classe si stanno dando di gomito sotto il lungo tavolo perpendicolare alla scrivania. Non si accorge che Taranta ha un sorrisetto maligno. Margherita è seduta tra Marcello Barba – Religione – e Cristiana Pacinotti – Matematica –, che sono rimasti impassibili. Non si accorge di niente. Giuliano Colagrossi è ancora suo amico: non come prima che gli parlasse dei problemi di salute della sua gatta, ma comunque un amico.

Fuori dalla scuola, Scienze motorie la guarda con un'aria diversa dal solito, Scienze naturali le sorride e le fa ciao con la mano, Storia dell'arte le dà una pacca sulla spalla. La Magnani non si spiega questa esplosione di simpatia e stima nei suoi confronti, ma forse, chissà, le cose stanno cambiando. Forse quella strana è lei: è lei a sentirsi esclusa, a pensare che a scuola i suoi unici amici siano Cristiana Pacinotti e Giuliano Colagrossi.

Il giorno in cui era entrata a scuola triste e preoccupata, in ansia, le lacrime in tasca, qualche mese prima degli scrutini di fine anno, Colagrossi le aveva chiesto il motivo di quella faccia appesa (a lei era venuta in mente la carta dei tarocchi, l'Appeso, e sì, si sentiva esattamente così), e Margherita gli aveva risposto che la sua gatta, la sua compagna fedele – sì, una gatta fedele, come fedeli sono tutti i gatti, malgrado i pregiudizi – da tanti anni, la gatta che suo padre amava di un amore commovente, stava male e aveva bisogno di cure molto costose. Gli aveva confidato che aveva paura di non poterle sostenere, di non riuscire a salvarla. La salvezza, quella maledetta salvezza che era la sua ossessione. Le lacrime agli occhi davanti a Giuliano poteva permettersele. Era tranquilla, aveva mollato gli ormeggi, navigava su un mare calmo e caldo: quello era Giuliano, il suo amico, la persona che risolveva tutti i problemi. Avrebbe scelto la parola giusta anche per lei.

«Ma se non ti puoi permettere di tenerla regalala, no?»

Margherita non era sicura di aver capito. Anzi, aveva capito eccome: Giuliano aveva sempre una battuta dissacrante per tutti.

«Non sto scherzando» aveva aggiunto poi, alzandosi da dietro la scrivania e dandole le spalle per rimettere un libro nel suo armadietto personale. Mentre lo chiudeva a chiave le aveva detto, con disinvoltura: «Se costa troppo e non ce la fai, dalla via.»

Avrebbe dovuto capirlo fin da allora, ma aveva suturato la ferita aperta in lei da quelle parole usando il filo dell'incredulità. *Dai, non tutti capiscono l'amore per gli animali, in fondo mica ha detto che la devi ammazzare, su. Rimane comunque un amico.*

Margherita Magnani è stravaccata sul divano con l'energia di un'ameba stanca. Ha gli occhi fissi sul televisore, guarda *Io ti salverò* ma si distrae spesso per controllare il cellulare.

«Come sta, pressore'?» chiede Alessandra nel gruppo della Quinta A.

«Ci aggiorni» scrive Ferzetti.

«Vuole che veniamo da lei?» domanda Flavia.

«Così ci racconta di oggi» dice Sofia.

Margherita ascolta Anthony Edwardes raccontare a Constance Petersen il sogno che ha fatto la notte prima: Anthony Edwardes ancora non sa di non essere Anthony Edwardes, non sa di chiamarsi John Ballantyne e di avere nascosto il suo trauma dietro un altro nome e una professione che non è la sua. *Io ti salverò* e *Angoscia* sono due dei suoi film-ossessione.

«Va bene, vi aspetto.»

«Apra, professoressa» scrive Ferzetti.
«In che senso?»
«Siamo qui sotto» scrive Marco.

«Non so cosa darvi da mangiare, non ho pensato nemmeno a fare la spesa!»

«No, ma tranquilla, pressore', mica volemo magna', solo vede' come sta... Davéro» dice Bolivia, con la sua erre moscia.

Annuiscono tutti.

«Vabbè, sedetevi.»

«A pressore', manco c'ha le sedie pe' tutti, se sedemo pe' tèra.»

«E nun rompe' er cazzo, su.» Daniele dà una pacca sulla spalla di Tarek.

«Sentite, io vi ordino qualche pizza ma la birra no, E A CASA MIA NIENTE CANNE.»

Daniele alza gli occhi al cielo. Ferzetti sbuffa. Gli altri restano in silenzio.

«Ha ragione» dice Flavia.

«Ma perché le birre no?» implora Rabhil.

«PERCHÉ 'STA COSA CHE BEVETE COSÌ TANTO MI STA SUL CAZZO, E QUINDI A CASA MIA NON LO FATE.» Si alza di scatto dal divano.

«Eh, capirai, pe' 'na birra...» borbotta Bolivia.

La professoressa lo incenerisce con lo sguardo. Tira fuori dal frigo il chinotto, l'unica bevanda gassata di cui non sa privarsi.

«MA MANCO 'A COCA-COLA, ER CHINOTTO!» scoppia a ridere Daniele.

«Oddio, pressore', er chinotto però...»

«Nun bevo 'na cosa senza alcol da... Boh, me sa dall'anno scorso» dice Sofia.

«Io non so che cosa ho fatto di male nella vita per meritare degli studenti come voi. Sappiate però che il chinotto è la bevanda degli dèi.»

«CERTO, CERTO» dicono tutti insieme.

«Non gli dia retta, professoressa. Questi manigoldi sono talmente terra terra che non si accorgono nemmeno di essere dei maleducati» interviene Ferzetti.

«INVECE LUI HA SCRITTO ER GALATEO!» tuona Daniele.

Ridono tutti.

«Vabbè, pressore', ce dice che è successo? Che j'hanno chiesto? Ha visto il commissario? Pare mi' zio in versione bona» dice Tarek infilandosi in bocca un triangolo di pizza. «Tutto abbronzato...»

«Tutto sdentato!» completa la Magnani.

«Ma come, sdentato?» chiede Sofia.

«Oddio, che schifo!» dice Flavia.

«Eh, sdentato, sdentato. Gli mancano due premolari a destra e due a sinistra, e quelli che gli restano è meglio che non ve li descriva. Per carità, eh, occhi stupendi, grandi, chiari, ma appena apre la bocca si spalancano le porte dell'inferno. E poi la testa riflette la luce del sole.»

Ridono tutti.

«Comunque, non è che mi ricordi proprio tutto quello che mi hanno chiesto, ma in sostanza—»

«No, no, non in sostanza, nel dettaglio, prego» la interrompe Ferzetti accendendosi una sigaretta, dopo aver mandato giù l'ultimo pezzo di pizza. Sta seduto con la schiena dritta, non si appoggia allo schienale.

«Gliel'ha detta quella cosa della gatta?»

«Gliel'ha detta quella cosa che ha fatto in classe all'inizio dell'anno?»

«Gliel'ha detta quella cosa che è uscita al collegio docenti?»

La professoressa sbarra gli occhi. «Scusate, ma voi come fate a sapere del collegio docenti?»

Si girano tutti verso Ferzetti.

«Tu guarda se prima o poi nun lo sfondo, a questo.» Daniele scuote la testa.

«Be', qual è il problema? Ce l'ha detto un professore.»

«Quale?»

«Quello di Latino.»

«Ah.» La professoressa si prende qualche secondo per elaborare l'informazione e reagire in modo civile. «Discreto, Taranta» commenta sarcastica.

Silenzio.

«E che vi ha detto Taranta, si può sapere?» chiede la Magnani.

Ferzetti tace.

«Taranta è uno stronzo.» Flavia è lapidaria. «Io ve l'ho detto subito che si stava comportando di merda.»

Alessandra e Sofia si guardano.

Sofia non sa se sia un bene raccontare tutto per filo e per segno: la conoscono, ci resterebbe male. Hanno più corazza loro a diciotto anni che quella donna più che adulta, che conosce la letteratura ma ha qualche problema a far pace con la vita.

Taranta era entrato in classe e aveva appoggiato la ventiquattrore sulla scrivania. Marco aveva sussurrato a Sofia che quel giorno sembrava più pelato del solito.

«S'è tajato i capelli. Quelli ai lati.»

«Per me anche se avesse i capelli fino al culo sempre stronzo resterebbe» aveva sentenziato Flavia.

«Dai, su, è 'n cojone, ma che non lo vedi?» aveva detto Daniele, indicandolo con la mano tesa e il palmo rivolto all'insù.

Sofia era insolitamente taciturna, sperava che Taranta non la irritasse anche quel giorno con i suoi luoghi comuni, con il suo diopatriafamiglia, con i suoi «I gay non mi hanno fatto niente, ho tanti amici gay» e le sue risatine compiaciute ogni volta che diceva: «La scuola è la virtù dei forti.»

Quel giorno, tuttavia, il professore era serissimo. Era rimasto in piedi dietro la cattedra e li aveva guardati tutti, uno per uno, fino all'ultimo banco. Forse si era persino accorto che esisteva un ultimo banco, e forse – sfortunatamente per loro – aveva addirittura identificato Tarek, Rabhil e Bolivia.

«Ragazzi miei, una cosa è certa» aveva esordito per poi interrompersi, e Daniele aveva sussurrato, dietro le spalle di Sofia: «... La scuola è la virtù dei forti», mentre Sofia tratteneva una risata esplosiva. Flavia gli aveva mollato una gomitata sul braccio. «La scuola...» aveva ripreso Taranta.

«Dio mio, quanta prevedibilità, quanta noia» aveva sbuffato Ferzetti.

«... non è quello che certe persone vi hanno illuso che sia.»

Bolivia, incredulo per quella dichiarazione – tanto diversa dalla frase che si aspettava –, aveva sollevato di scatto la testa: si stava preparando una sigaretta con le mani nascoste sotto il banco.

Tarek aveva tirato un accendino sulla schiena di Daniele. «Oh!»

«Che vòi?»

«Ce l'hai 'na cartina?»

Daniele si era voltato e aveva tirato il pacchetto di cartine a Tarek.

«Oh, Danie'!»

«Che vòi, pure te?»

«Che, c'hai pure l'erba?» aveva chiesto Rabhil.

«Me devi da' ancora venti euro, a bello. Mica faccio beneficenza, io. Poi quando me chiedono i soldi, i capi, che je dico? Te li mando a casa?»

«Eddai...»

Alessandra si era girata. «E basta, la piantate di fare casino? Voglio sentire!»

La Quinta A non aveva una buona reputazione nella scuola, non ce l'aveva mai avuta. Nessun insegnante era contento di entrare in quella classe: era stata una prima ingestibile, una seconda appena meno violenta, e il triennio era stato un crescendo di sospensioni, di denunce, di erba, di cocaina, di spaccio.

«La scuola è fatta di insegnanti seri. Quello che è successo ieri sera al collegio docenti ha lasciato quasi tutti esterrefatti, tranne me. Il vicepreside ha solo avuto il coraggio di dire davanti a un ampio consesso di persone ciò che ciascuno di noi, in fondo, pensa: la scuola non è fatta da insegnanti come la Magnani.»

Un silenzio più rovente di un forno a Ferragosto aveva inchiodato tutta la classe.

«Ieri, durante il collegio docenti, si è parlato

di voi per i motivi che sapete: la mancanza di rispetto, lo scarso rendimento e l'esame di maturità. E a quel punto il vicepreside... A quel punto il vicepreside ha detto: "Certo, finché ci saranno professori come la Magnani che, invece di insegnare, si comportano come se fossero amici degli studenti, non andremo mai troppo lontano. Noi siamo qui per insegnare, non per essere amati. Dobbiamo essere rispettati e temuti, non amati. Pazienza se non ci sopportano. Non è questo il nostro compito a scuola. Capito, Magnani? Non siamo la loro famiglia."» Taranta si era interrotto. «Non sono parole testuali, è stato molto più sferzante, ma il senso era questo.»

«Davanti a tutti, l'ha detto davanti a tutti» ripete quasi tra sé Flavia.

«'Sta merda.»

«E perché, Taranta che ce l'ha raccontato? Pareva che stesse per venire, da quanto godeva» dice Tarek.

«Poi ha aggiunto: "Quindi smettetela di andare dietro alla Magnani. Fidatevi di noi. La scuola non si fa con la complicità, la scuola è una selezione naturale. La scuola è la virtù dei forti." Ha usato la prima persona plurale, quel povero decerebrato.» Ferzetti scuote la testa.

«MA TE VOI STA' ZITTO? NUN È CHE

JE SE DEVE DI' PROPRIO TUTTO TUTTO, EH!» sbotta Daniele.

«Sei un cretino, sei peggio di Taranta» sibila Flavia.

«La professoressa è una persona adulta, sono sicuro che saprà affrontare la verità.» Ferzetti è impassibile.

«Ha ragione Ferzetti» scoppia a ridere la professoressa. «Secondo voi non so che Taranta mi detesta?»

«Io lo apro in due.»

«Flavia, no.» La Magnani le mette una mano sulla spalla. «Non si può piacere a tutti, pensaci.»

«Lo apro in due lo stesso, non se devono azzarda', loro non lo sanno chi sei.»

«È vero.» Daniele annuisce con forza. «Un po' troppo rompicoglioni con la droga ma comunque più o meno tu sei, cioè lei... lei è... a posto.»

«Raga', Taranta sta pappa e ciccia col vicepreside. Anzi, *stava*. È un leccaculo, a lui je conviene screditare gli altri insegnanti davanti agli studenti. E poi si è sempre sentito 'stocazzo. Adesso che Colagrossi è morto ammazzato voglio proprio vedere...» ridacchia Sofia.

«A pressore'» interviene Rabhil.

«Sì?»

«Se faccia 'na canna con noi, così se rilassa.»

«Che impudenti.» Ferzetti li guarda come se non appartenessero alla sua stessa specie.

Il cellulare di Margherita Magnani squilla. Sul display c'è scritto: CRISTIANA MATEMATICA.

«Che, vuole che ce ne andiamo, pressore'?» chiede Alessandra.

«Me sa che è stanca, eh?» Marco è il primo a tirarsi su da terra.

«Sì, dai, andiamo» dice Bolivia.

«Almeno così fumiamo» dice Daniele.

Sulla porta Flavia l'abbraccia. «Sicura che non vuoi che mi fermi a dormire qui? Chiamo mamma e vi faccio parlare. O vuoi venire da noi?»

«Restiamo noi ragazze, se vuoi» insiste Sofia.

«Se resta Alessandra, resto anch'io» dichiara risoluto Ferzetti, che già da un pezzo si è stufato di nascondere i suoi sentimenti, pur sapendo che non sono ricambiati.

Alessandra sbuffa: «Ma quando la farai finita con questa tortura, France'?»

«Ragazzi, se mai dovessi avere bisogno che Ferzetti resti a dormire da me per sentirmi più sicura, ricoveratemi.»

Scoppiano a ridere.

«Scherzo, Ferzetti.»

«Lo so. Lei mi ha coperto, oggi. Lo so che si nasconde dietro l'ironia.» Sorride di sbieco. «Forse dovremmo parlare con quelli della Quinta C. Le faremo sapere.» Fa un breve cenno con la testa a mo' di saluto e se ne va.

Sotto la casa della professoressa, Alessandra dice che forse dovevano insistere, forse dovevano imporsi e restare da lei.

«Guarda che mica è una povera barbona abbandonata, eh. Se volesse potrebbe chiamare chiunque, si vede che vuole stare da sola. E poi...» Sofia s'interrompe.

«Poi?»

«Poi non mi sembra proprio una donna impaurita. Avete notato che film stava vedendo alla televisione quando siamo arrivati? Una cosa stravecchia, in bianco e nero...»

Scoppiano a ridere.

«Be', pe' esse' strana è strana.» Daniele fa un tiro di canna. «Je se vòle bene ma è strana forte.»

«È strana, sì» dice Tarek.

«È strana, è strana» dice Bolivia.

«Però je se vòle bene» dice Alessandra.

«Sì, je se vòle bene» dice Rabhil.

«Sarà pure strana ma a me m'ha salvato» dice Flavia.

«Pensa un po', *Io ti salverò*» dice Ferzetti, meditabondo, rollandosi una canna.

«Che cosa sarebbe *Io ti salverò*, adesso?» chiede Sofia.

«Il titolo del film che stava vedendo.»

«E oggi ha salvato il culo pure a te, France'» insiste Flavia.

«Non si capisce come mai, ma ti vuole bene» dice Marco.

«E poi, se hai bisogno di qualcosa, lei c'è sempre» dice Sofia. «E non ti giudica. Noi invece la stiamo giudicando. Me sento una merda.» Butta la canna. Si liscia la ciocca di capelli blu che le contorna il lato destro del viso.

«Di che stranezza andate cianciando? Ha gusti cinematografici impeccabili» dice Ferzetti guardandosi intorno, un sopracciglio alzato. «*Io ti salverò* è di Hitchcock.»

«Comunque bisognerà darle una mano, mica si può lasciare così.» Sofia non è convinta che la Magnani possa uscirne indenne.

«*Io ti salverò*.» Ferzetti fa un risolino tra sé. «E io che pensavo fosse una povera stolta.»

Flavia sbuffa. «Guarda che lo pensavi solo tu.»

Ferzetti si volta verso di lei: «Le ho detto che avremmo parlato noi con quelli della Quinta C.» È glaciale. Inarca un sopracciglio. «Siete d'accordo, no?»

Daniele, a denti stretti, sussurra: «Vedi se non mi tocca dargli ragione, a 'sto pallone gonfiato.»

«Cris?»

«Oh, finalmente.» Cristiana Pacinotti insegna Matematica in Quinta A. È intelligente, capace, riservata. Ha vent'anni in meno rispetto a Margherita. «Mi stavo preoccupando.»

«Scusa, stavo guardando un film e non ho sentito il telefono. L'avevo messo in modalità silenziosa.»

«Come va? Vuoi venire a dormire da me?»

Margherita ride. «Non c'è più la metro, Cris, è l'una e mezza.»

«Ti vengo a prendere io! Che problema c'è? A quest'ora in macchina ci metto un quarto d'ora!»

«Ma tu sei pazza! Vediamoci domani mattina, al Barnout. Tanto anche se a scuola non si entra io vorrei restare nei paraggi.»

«Madonna che palle che sei, magari ero io che non volevo restare da sola. E POI SAREBBE ORA CHE LA PRENDESSI, 'STA CAZZO DI PATENTE!»

«Sono una piccola isolazionista, cocca mia.»

«No, sei una gran rottura di palle.»

Quanto vuole bene a Cristiana. Il bene che prova nei suoi confronti è inversamente proporzionale alla sua comprensione – pressoché nulla – delle materie scientifiche, Chimica e Matematica in testa *ex aequo*.

«Vabbè, sei di coccio, ma questo già si sapeva. Buonanotte, testa di broccolo. Domani alle dieci davanti al Barnout.»

«Guarda che i broccoli sono frattali! Ciao, cocca.» Ride, mentre chiude la chiamata.

C'è sempre qualcuno che grida, di notte. Malgrado il vetro isolante alle finestre, la voce arriva fino alla camera da letto. È la solita donna che dorme sulla panchina davanti alla farmacia: ora è visibilmente incinta, dopo anni passati a camminare forsennatamente avanti e indietro, per tutta via Caffaro. Dorme di giorno e di notte grida. «La pazza» la chiamano. Ha la coda di cavallo, si veste tutta di rosa e ha sempre con sé una borsetta ricoperta di strass. I passanti hanno paura di lei, la farmacia ha paura di lei, i residenti hanno paura di lei. Tra poco più di un mese, ai primi di dicembre, nessuno la sentirà più: tutti si chiederanno che fine abbia fatto, e l'ipotesi più logica sarà che è stata rinchiusa da qualche parte. Quella notte, però, grida ancora. Ce l'ha sempre con qualcuno, è un dibattito infinito, il suo. «Perché io gli ho detto...», «Allora stammi lontano, sennò...», e poi parolacce, insulti. Non gravi, però, quanto la parola che la definisce: *pazza*. Protesta sempre per qualche ingiustizia subita. Via Caffaro è lunga e buia, di notte. C'è solo qualche finestra illuminata nel palazzo di fronte, dove due ragazzi fumano sul balcone, mentre dalla penombra di un appartamento qualcuno spara una musica tonante, e una donna è seduta davanti al televisore. Chissà che cosa guarda, si chiede Margherita mentre chiude la finestra della camera da letto. Ma via

Caffaro non è un cortile, e lei non è James Stewart. Forse.

Il giorno dopo, dietro il bancone, Federica sta preparando due caffè schiumati. Quando vede entrare i ragazzi della Magnani chiede: «Perché non andate a sedervi fuori con lei?»

La ragazza con la ciocca blu, Sofia, le risponde che la professoressa sta parlando con Matematica e che non vogliono disturbarla.

«Sono arrivate da tanto?» domanda Flavia.

«Stanno lì da un'oretta. Dai, sedetevi dentro. Che vi porto?»

«Cappuccino e fagottino al cioccolato» rispondono, praticamente all'unisono.

«Tutti?»

«Tutti.»

Tarek continua a fissare Federica con un'espressione estatica mentre gli altri si sono già seduti.

«Ahó, e piantala di guardarla, che la consumi!» gli urla Bolivia.

«A ridicolo!» si aggiunge Rabhil.

Federica si gira e vede Tarek con un sorriso da ebete stampato sul volto. «Pure tu cappuccino e fagottino? Oh, svegliaaa!» Si ravvia i capelli biondo cenere, ricci e lunghissimi.

«Ah. Ah sì, grazie» dice Tarek, e raggiunge gli altri quasi in trance.

«Madonna, che figura de merda.» Rabhil scuote la testa. «Ho capito che è bella, ma un po' di dignità!»

«Ma da quant'è che non scopi, Ta'?» tuona Daniele. «Ah, come dici? Mai scopato? Se vede!»

Tutti ridono tranne Ferzetti.

«Tu che c'hai, invece?» gli chiede Daniele.

«Sto pensando: attività che ti è estranea, me ne rendo conto.»

Alessandra mette una mano sul braccio di Daniele, che si stava già alzando.

«Contieniti» gli dice Ferzetti, con un risolino.

«Senti, non sei mia madre. E a pensarci bene, nemmeno lei me l'ha mai detto.» Daniele pensa alla madre, che l'ha lasciato da solo appena lui ha compiuto diciotto anni, per seguire il suo nuovo compagno. «Se me lo diceva je tiravo un cartone che...»

«Mi stavo chiedendo», Ferzetti riprende la parola, interrompendo senza grazia Daniele, «se non sia forse il caso di rivelare alla professoressa una conversazione che ho origliato casualmente alla fine di settembre mentre passavo davanti alla sala professori», e abbassa il capo.

«Quale conversazione?» Flavia, intenta a togliersi le pellicine delle unghie, alza di scatto la testa.

«Perché non l'hai raccontata nemmeno a noi?» dice Sofia. «Cazzo, France', ci vediamo tutti i pomeriggi al QuickSlow dopo la scuola e non me ne hai mai parlato?»

Nel frattempo, Alessandra e Marco si sono alzati per andare a prendere dal bancone i cappuccini e i fagottini al cioccolato. Quando tornano a sedersi, Ferzetti ha appena cominciato a raccontare: «Stavo tornando in classe, era proprio durante l'ora di Inglese, volevo... prendere una boccata d'aria, ci siamo capiti. Sto per passare davanti alla sala professori e sento due voci che certo non stanno sussurrando. Ridono, anzi, ad alto volume. Mi fermo giusto trenta secondi dietro la porta socchiusa, il tempo necessario per sentire Colagrossi che chiacchiera amenamente con Depalo e Taranta di una certa Tiziana della Quinta C. Colagrossi dice che ci marcia, Depalo dice che è d'accordo, che ce l'ha in classe, Taranta dice che bisognerebbe ripristinare le classi differenziate, Colagrossi dice che una con due pance come lei non dovrebbe mettersi i vestiti attillati e Depalo dice che fa la vittima e non studia con la scusa che è nera, adottata, e forse è pure lesbica.»

«La conosco, questa Tiziana di Quinta C. È Tiziana Bucciarelli!» urla Sofia. «Ma veramente ne hanno parlato così?»

«Che stronzi...» mormora Flavia.

Bolivia, Tarek e Rabhil restano muti, di colpo consapevoli del colore della loro pelle. Si girano tutti verso di loro, lentamente. È solo un attimo, un istante di sgomento. Come se stesse crollando tutto, come se le fondamenta della loro vita si stessero sgretolando e le parole che usavano per descrivere se stessi e la realtà non bastassero più, non fossero della misura giusta.

«Ahó, vabbè che siete negri, ma noi ve volemo bene come se foste normali, eh!» Daniele spezza in due la sensazione di inadeguatezza che stava paralizzando tutti gli altri.

«Ha pure azzeccato il "foste" per quanto è sincero!» rincara Marco. «Nonostante stia alla quarta canna della giornata.»

Tarek, Bolivia e Rabhil scoppiano a ridere. «A cojone, passa l'erba, dai.»

«Guarda che ce l'abbiamo più lungo di te» dice Rabhil, sghignazzando. «Gli inferiori siete voi.»

«A rettili! A serpi!» grida Bolivia con la sua erre moscia.

«Scusate se interrompo questo delizioso scambio» interviene Ferzetti compassato, guardandoli con un'aria disgustata, «ma il punto è: devo raccontarlo alla prof? Io non credo.»

«Ci parlo io, con Tiziana» si offre Sofia.

«No, non diciamolo alla Magnani. Non per ora.» Flavia è d'accordo.

«Ma sì, casomai dopo» dice Alessandra. «Sentiamo Tiziana, prima.»

«Questo aneddoto è di mia proprietà. Inoltre sono stato io a proporvi di interrogare quelli di Quinta C. Vengo anch'io a parlare con Tiziana.» Ferzetti guarda Alessandra, alla sua destra. «Sono un uomo degno di essere amato, io. Ho un animo nobile, come vedi.»

Alessandra sbuffa, alza gli occhi al cielo.

«France', fatte 'na vita. *Get a life*, France'.»

«E gli hai detto tutto?»

«Certo, tutto.»

«Anche di quella volta che è entrato in classe e...?»

«Sì, anche di quella volta. Ti pare che mi metto a nascondere le cose alla polizia?»

La Magnani finisce la tisana alla curcuma. L'odore la repelle, ma pare che faccia bene al sistema immunitario. Non si sente benissimo. Le viene in mente che alla polizia ha taciuto la scoperta di Ferzetti. «Non mi sento benissimo» dice alla Pacinotti.

«Certo, come ogni giorno da sette anni che ti conosco.»

«Eh, ma oggi davvero non mi sento benissimo.»

«Come ogni giorno da sette anni che ti conosco.»

«Tu non mi prendi sul serio.»

«Mi vedi ridere?»

«Ridi dentro, lo so.»

La Pacinotti sbotta in una risata ansante.

«Vedrai che ti chiederanno se è vero che siamo andate via insieme» dice Margherita. «Dio, che schifo immondo 'sta tisana.»

«Io lo sapevo che a esserti amica rischiavo grosso...» Cristiana fa una faccia rassegnata. «Ah, quanto mi annoierei senza di te!»

È sabato e la scuola è chiusa. La scuola non è solo la scuola, l'edificio con l'ala vecchia e l'ala nuova, lontanissime l'una dall'altra. La scuola è anche il Barnout, il bar di tutte le ragazze e di tutti i ragazzi, dove gli insegnanti se ne stanno in disparte e parlano a bassa voce, mentre gli studenti si sentono al posto di comando. È qui che i rapporti si sbilanciano a favore dei giovani. Dopo la morte di Colagrossi un buon numero di docenti e la stragrande maggioranza dei ragazzi si danno appuntamento al Barnout. Forse perché si trova di fronte alla scuola, o forse perché non vogliono rischiare di perdersi qualcosa, fatto sta che convergono tutti là, seduti ai tavolini, o in piedi perché di passaggio, o davanti al bancone. La scuola resterà chiusa e riaprirà solo il 13 novembre, dopo che gli investigatori della Scientifica avranno coperto le finestre con dei teli e avranno utilizzato il luminol per capire se nell'aula c'è stato spargimento di sangue. E scopriranno che sì, c'è stato spargimento di sangue, che le mani di Colagrossi sono state tagliate proprio in quell'aula per poi essere portate via, e che il sangue è stato ripulito. Scopriranno che le mani non si trovano nella scuola, e che evidentemente chi ha ucciso Colagrossi se le è portate via. Il motivo non lo scopriranno, tuttavia. Gli investigatori leggeranno il verbale del consiglio di classe della Quinta C e non troveranno niente di sospetto o di allarmante. Le solite cose: andamento disciplinare, studenti con disturbi specifici di apprendimento, educazione civica. I giornali, il giorno dopo l'omicidio, hanno dato grande risalto al barbaro assassinio di un docente illuminato. Editoriali sulla violenza a scuola, sugli studenti che hanno perso i punti di riferimento, sui modelli culturali, sugli insegnanti sottopagati che rischiano la vita per un lavoro che non è un lavoro normale, ma una missione. Interviste a psicologi. Intervista alla dirigente scolastica, affranta per aver perso il suo collaboratore più stretto e valido, sconvolta al punto di aver dovuto chiamare un'ambulanza perché sotto shock. Gli investigatori non escludono nessuno dalla lista dei sospettati, dicono i giornali, né tra le file degli studenti, né tra quelle dei colleghi. Su nessun quotidiano, però, esce la notizia della scritta DIES lasciata sulla parete. La scuola, in quei giorni, ascolta, osserva e, in un certo senso, parla seduta a un tavolino del Barnout.

«Oh, ma tu che vuoi da me?»

Tiziana guarda Ferzetti con odio. Sofia e Flavia sbuffano, Alessandra alza gli occhi al cielo e dandogli una gomitata nel fianco, a denti stretti, nascosta da Flavia, ringhia: «Ti avevamo detto di stare zitto, che avremmo iniziato noi. E invece tu, delicato come un panzer, sempre!»

Ferzetti si stringe nelle spalle come a dire: be', che ho fatto di male?

Flavia fa per spiegarsi ma Ferzetti la precede di nuovo: «Non ti adombrare...»

«Senti, bello, parla come magni. Mi prendi per un braccio per fermarmi. Ma chi te conosce? Ma che volete?»

Tiziana li guarda con un'aggressività che inquieta persino Sofia e Flavia. Malgrado sia sabato 28 ottobre, c'è un nutrito gruppo di studenti che continua a darsi appuntamento davanti al Barnout: un po' per curiosità, un po' per abitudine. Quello che nessuno di loro ammette, forse perché nemmeno se ne rendono conto, è che continuano a vedersi per sentirsi rassicurati.

«Scusa, Tiziana, Francesco è fatto così, non è cattivo... Hai ragione, eh!» si affretta a rassicurarla Sofia.

«Eh, eccome se hai ragione...» borbotta Flavia annuendo, rassegnata.

«Vabbè, che volete? Sto impicciata.» Tiziana si guarda intorno, circospetta. Ha uno sguardo così penetrante che, per due secondi, gli altri non sanno come chiederle quello che vorrebbero sapere. Poi Ferzetti riprende la parola.

«Non ti adombrare, dicevo. Non ti inquietare. Siamo qui per domandarti...»

«Ahó, se volete parla' del morto, io nun so niente. Nun me mettete in mezzo, io me faccio i cazzi miei.» Fruga nella Louis Vuitton e trova la Iqos: si mette la sigaretta elettronica tra le labbra con una mano, e con l'altra si ravvia i capelli ricci e neri dietro l'orecchio. Malgrado la stagione, indossa solo un top troppo stretto per contenere la pancia e un paio di jeans a vita bassa. Il piumino rosso e laminato lo tiene appoggiato sulle spalle: sotto il sole, insieme al rosso vermiglio, gli occhi scuri, enormi e sporgenti e la pelle lievemente ambrata sono gli unici colori vivaci di quella mattina troppo pacata.

«Il morto in sé non ci interessa: ci interessa il rapporto che avevi con lui. Era gentile con te?»

Tiziana guarda il cellulare, finge di non aver sentito. «Vabbè, ciao, m'aspettano.»

Davanti al Barnout una macchina rallenta. Dentro ci sono tre ragazzi: due davanti e uno dietro.

Flavia allunga il collo per vedere chi sono. Il ragazzo seduto dietro è Tarek. Flavia sbarra gli occhi. «Ma 'sto grandissimo str...» Tende il braccio con il palmo della mano rivolto all'insù.

Guardano Tiziana allontanarsi di corsa e salire in macchina. Tarek ha una smorfia sul viso.

«Ridi, ridi...»

Sofia si gira di scatto verso Flavia. «Che stai a di'? Parli da sola?»

Ferzetti scuote la testa. «Peccato, è fuggita.»

«Macché, c'è quel cretino di Tarek in macchina. Ci pensa lui, ne sono sicura.»

Alessandra ride. «'Sto deficiente.»

«Gli mando un messaggio su WhatsApp. Lo aspettiamo qui, okay?» dice Sofia.

«Ho lasciato il mio gatto da solo a casa. Devo andare almeno a vederlo, torno tra poco.»

«Ma... ma i gatti sono abituati a stare da soli! Gli hai lasciato da mangiare? Non c'è bisogno che...»

Ferzetti si volta di scatto: è serio, ha uno sguardo che somiglia a un macigno di granito. «I gatti soffrono la solitudine e il mio ha bisogno di me. Ho detto che ci vediamo tra poco.»

Le ragazze si guardano.

Sofia scuote la testa. «Da quando ha preso quel gatto si è rincoglionito completamente.»

«Prende tanto per il culo la Magnani, ma quei due in fondo sono uguali» dice Flavia. Una constatazione che le costa più di quanto avrebbe voluto ammettere. Non si è mai spiegata l'affetto e la stima che la Magnani ha sempre provato nei confronti di Ferzetti, ma evidentemente vede in lui qualcosa che ai loro occhi rimane oscuro.

«Se questo è vero, allora anche Ferzetti qualcosa di buono ce l'avrà...» dice Alessandra, scettica.

«Ah, ma erano amici tuoi, quelli?»

«Eh, sì. Stanno in classe con me, in Quinta A. Cioè, stiamo proprio nello stesso gruppo, non solo in classe insieme.»

«Ma pure coso, il tizio coi capelli lisci e pettinati bene, con la riga di lato e lo sguardo da matto che parla come se tutti noi fossimo dei poveri coglioni?»

Tarek scoppia a ridere. «Ferzetti.»

«Eh, quello. Madonna, che palle.»

«Be', nemmeno a Colagrossi stava simpatico.» Tarek guarda fuori dal finestrino mentre si accende una sigaretta e beve un sorso di Red Bull.

Tiziana fa un verso simile a un sibilo, ma le sale dalla gola. «Colagrossi. Capirai, 'sta merda. Uno così che fa er professore, nun ce se crede...»

«Perché?» Tarek continua a fingersi indifferente.

Tiziana picchietta sulla spalla destra del ragazzo alla guida, davanti a lei. «Amo', io adesso racconto 'sta cosa, quindi tu parcheggia. È meglio che te fermi. E che scendi e te vai a fa' un giro, sennò – io te conosco – t'incazzi e fai qualche stronzata.»

Il ragazzo si volta, un diamante all'orecchio sinistro. Biondo e bianchissimo, i capelli rasati. «Devo mena' a quarcuno, amo'?»

Tiziana sorride. «No, ci', no, non c'è bisogno. È già morto.»

Due ore dopo, Tarek torna al Barnout. Nel frattempo sono arrivati anche tutti gli altri, Ferzetti compreso.

«Allora?»

«Bella, Ta'!» lo saluta Daniele.

«Allora?»

«Che ha detto?»

«Ti ha detto qualcosa, sì?»

«'Sto *stvonzo*. Ce lo poteva di' *pvima*, almeno evitavamo de fa' l'appostamento qui.»

Tarek si siede e ordina una bottiglia di Coca-Cola. «Certo che Colagrossi era proprio una mmerda.» Pronuncia «merda» con due *m*, per enfatizzare il concetto. «Tiziana è dislessica, ha un pdp. Non è che non studia, eh: ci prova, si fa un mazzo così, fa logopedia e lezioni private. E Colagrossi non j'ha mai messo più di quattro.

Mai. Una volta, a bassa voce, senza avere nessuno intorno, j'ha pure detto: "Non è che perché sei negra e adottata mi fai pena, anzi." Dice Tiziana che mentre parlava je guardava le zinne.»

«Un porco» sentenzia Sofia. «Stronzo e porco.»

«Meno male che è già morto, sennò er ragazzo de Tiziana je metteva er culo al posto della testa.»

Scoppiano a ridere tutti, tranne Ferzetti.

«Sì, ma questa novità non cambia le carte in tavola. Non credo aggiunga niente. Che il vicepreside fosse una persona repellente lo sapevamo già. Quindi? Volete dirmi che Tiziana avrebbe avuto un movente? Scusate, ma adesso sono io che rido.»

3

La circolare pubblicata sul sito della scuola il 3 novembre annuncia la ripresa delle attività didattiche lunedì 13, con la conseguente ripresa delle lezioni secondo l'orario stabilito e quello che si preannuncia un devastante collegio docenti pomeridiano.

Nelle tre settimane in cui la scuola è stata chiusa le attività di Margherita Magnani sono state prevalentemente: rispondere al telefono, leggere i giornali, parlare con i ragazzi della Quinta A, andare a riferire al commissariato quello che scopriva o che le veniva raccontato. Quest'ultima attività è risultata più faticosa delle altre: aveva la sensazione che il commissario calvo con gli occhi sporgenti e azzurri sospettasse di lei. La guardava con una specie di beffarda consapevolezza che, tradotta in parole, significava: ma questa pensa davvero di depistarci così? Non sapeva niente delle indagini della polizia. Poteva solo immaginare, ma naturalmente Ciardulli non le diceva niente. Sapeva che la polizia aveva analizzato le aule, perquisito, indagato. Sapeva che altri, come lei, erano stati interrogati, anche più volte. Aveva ragione quando aveva dedotto che Colagrossi si trovasse lì dalla sera prima, per questo il commissario si era visto costretto a sentire tutti i membri del corpo docenti, dato che ognuno di loro era a scuola per i consigli di classe, nelle ore in cui Colagrossi era stato ucciso. Lei stessa aveva incontrato spesso, presso il commissariato, i componenti del suo consiglio di classe, alcuni anche in più di un'occasione. Era evidente, ai suoi occhi, che il commissario sospettasse di uno di loro. O forse che stesse cercando prove contro di lei.

L'ansia della Magnani cresceva, finendo per divorarla, tanto che spesso tremava. Non riusciva più a mangiare – il che era un bene, e Margherita assecondava lo stomaco annodato nella speranza di perdere qualche chilo nell'emisfero meridionale del suo corpo –, non riusciva più a dormire.

«Non mi sento benissimo» diceva a Cristiana.

E Cristiana rispondeva sempre: «Strano.»

Non si sentiva benissimo anche perché il tenente Colombo non poteva venire in suo aiuto, ormai lo sapeva. Perdere quella chiave di lettura l'aveva fatta sentire priva di appigli. Il colpo non era stato esploso da un marchingegno a distanza, sennò Colagrossi si sarebbe accasciato in una grossa pozza di sangue. No, l'assassino, prima di colpire, aveva voluto essere riconosciuto. Perché aveva ripulito le tracce di sangue? Perché il sangue era inutile, era un elemento scenografico ridondante. L'omicida sapeva che in un modo o nell'altro avrebbero scoperto che il vicepreside era stato ammazzato in quell'aula, e voleva che si concentrassero su altro. Sul DIES? Sul numero 1? E poi: 1 come 1, cioè il numero uno degli stronzi, delle merde, dello schifo, oppure 1 nel senso di primo? Perché allora, in quest'ultimo caso, forse la storia non si sarebbe chiusa con la morte del vicepreside.

Quando Tarek, il 3 novembre, a cena, le spiega di Tiziana e Colagrossi, qualcosa dentro Margherita cede del tutto. Stronzo sì, vigliacco pure, e anche ipocrita, falso, traditore, razzista, sì sì sì, ma che il vicepreside fosse anche un viscido vecchio porco (*pedofilo*, la parola a cui non voleva nemmeno pensare era *pedofilo*) non l'avrebbe mai detto. Numero *uno* in ogni senso. (O forse il *primo*?)

«Che merda» replica. «Quanto, ma quanto mi sono sbagliata sul suo conto! E non sentivo ragioni, eh, perché non è che Cristiana non mi avesse avvisato, intendiamoci.»

Mi fai schifo, Colagrossi, Madonna quanto mi

fai schifo, peccato che tu sia morto per non potertelo dire in faccia. Comunista e antirazzista, certo. Però... Una doppia merda. Non le dispiace più che lo abbiano ammazzato. Non gli deve niente. Più che per quello che ha fatto a lei, adesso avrebbe voluto vederlo morto per quello che ha detto e fatto ai ragazzi.

In effetti, *l'ha visto* morto.

Peccato che quando si è trovata davanti il suo cadavere non sapeva ancora queste cose. Avrebbe potuto almeno essere felice, non sentirsi dilaniata tra l'affetto di un tempo e la rabbia del presente.

«Vabbè, pressore', daje, su...» Tarek le dà una pacca sulla spalla. «Nella vita se sbajamo tutti...»

Ferzetti annuisce. «Vero. Alcuni più di altri, tuttavia.»

«E basta, France'!» Rabhil, che non parla quasi mai, sbotta. «Pe' i gusti miei te senti un po' troppo 'stocazzo.»

«Ma'?» Flavia, quando sono fuori dalla scuola, la chiama «Ma'», abbreviazione di "mamma". Sua madre, Manuela, ne è felice. La Magnani si sente fortunata, questi ragazzi sono stati la sua salvezza, sa per certo che con loro il tempo non barerà: non verranno deturpati dalla bruttezza e dal male, e, come il ritratto di Dorian Gray, non invecchieranno mai, perché resteranno liberi e puliti come sono adesso.

Margherita sospira. «Non so che dire, davvero. Sono... Boh...»

«Sopraffatta?» dice Ferzetti.

«Sopraffatta, ecco. Sì, "sopraffatta" è la parola giusta. Ma voi, ragazzi, dovete lasciarvi alle spalle questa faccenda.»

«Eh?» Daniele mette una mano a coppa attorno all'orecchio.

«Dico sul serio. Uscite tra voi, divertitevi, non pensate a questo schifo. A trovare il colpevole ci penserà la polizia.»

«Seee, vabbè, la polizia.» Daniele scoppia a ridere. «A pressore', se qui c'è un criminale che ha fatto fòri uno, è più facile che lo trovamo noi, se fidi.»

Bolivia e Rabhil sghignazzano.

«Ma distraiamoci un attimo. Voglio condividere con lei un frammento di bellezza.» Ferzetti, con voce tonante, sovrasta le risatine degli altri. Dalla tasca del piumino tira fuori il cellulare e mostra alla Magnani la foto del suo gatto bianchissimo, con un occhio verde e l'altro azzurro. «Oggi mi hanno preso per i fondelli perché mi sono assentato per andare a vedere come stava. Era da solo in casa e soffre la solitudine.»

«A France', ma chi è che t'ha preso per il...» esplode Sofia.

«Oddio, ma è... ma è...» Margherita balbetta.

Se c'è una cosa che riesce a frantumare ogni sua difesa sono i gatti. «È stupenda...»

«*Stupendo.*»

«Stupendo! Ha gli occhi di colore diverso! L'hai chiamato Bowie?»

Ferzetti tossicchia, la guarda con espressione compassionevole. «Quanta banalità, professoressa.» Sospira. «Si chiama Sibir.»

«Sibir?»

«Sibir. Come Siberia.»

Quella sera dar Bombarolo, in via dei Monti Tiburtini, non c'è quasi nessuno. La loro tavolata è praticamente l'unica nella sala immensa, spesso destinata a cerimonie di vario tipo. C'è un altro tavolino da due, in fondo, nell'angolo opposto rispetto al loro. È un novembre che finirà presto, come lo sono tutti i novembre, ma c'è qualcosa, in questo, che lo rende diverso dagli altri. Un sottofondo di fatica: densa, vischiosa, opprimente. Qualcosa che blocca il respiro e la mente. È l'omicidio di Colagrossi, ciò che significa. Bisognerebbe trovare le parole giuste per spiegarlo, per chiarirlo, ma non è facile. Nominare qualcosa di spaventoso vuol dire depotenziarlo, circoscriverlo. Spesso la traduzione, anche quella dei pensieri in parole, è un mestiere in perdita.

«Che bel nome. Sibir.»

«Certo che è bello, l'ho scelto io.»

«Sibir. Sibir. Gli sta proprio bene.»
«Certo.»
«Sibir. Siberia. Proprio bello.»
«Lo so.» Ferzetti rimette il cellulare in tasca, leggermente disorientato da quella reazione, da quella strana espressione che somiglia a una trance.
Gli altri, in silenzio, guardano la professoressa e Ferzetti. Più che altro, Flavia comincia a nutrire una certa apprensione per la Magnani, perché ha lo sguardo fisso verso l'alto, come se stesse pensando, o pregando.
«Ma'?»
«Ehi?» Sofia le sfiora un braccio.
«Prof, prende qualcos'altro?» le chiede Alessandra a voce alta.
Margherita riabbassa gli occhi, li guarda tutti, a uno a uno, con un gran sorriso. «Sì. Una tisana curcuma e zenzero, grazie.»
Marco si mette la mano sulla fronte. «Madonna, che puzza. Ma perché 'sta tortura?»

Il banco di Marco si ricorderà di lui: Marco diventerà un bravo danzatore, tornerà in Italia per i suoi tour, non dimenticherà la sua scuola. Marco le presenterà il suo fidanzato, vivrà a Londra. Resterà amico di Sofia, che non vorrà mai iscriversi all'università perché ha sempre vissuto lo studio come una gabbia, ma troverà subito lavoro come barwoman e diventerà una delle più contese esperte di cocktail di Roma. Il locale in cui i ragazzi faranno la fila sarà lo stesso dove Ferzetti si ritroverà con le sue fidanzate, sperando di rincontrare prima o poi Alessandra, che, invece, non ci andrà mai perché è ben consapevole del rischio di imbattersi in lui e preoccupata, dato che in quel locale l'alcol scorrerà libero, di poter cedere alle attenzioni di Ferzetti. Alessandra si iscriverà a Scienze della formazione primaria, resterà amica di Sofia e di Flavia che, dopo un addestramento che avrebbe stroncato un mulo – ma non lei –, entrerà tra le fila della polizia penitenziaria e si iscriverà a Giurisprudenza, dove incrocerà Rabhil, che abbandonerà gli studi al secondo anno e inizierà a lavorare nel minimarket dell'amico Chan, tentando di convincere anche Tarek, il quale però, durante un viaggio all'estero a Barcellona, deciderà di non tornare. Bolivia, invece, tornerà a La Paz e piangerà disperatamente per tutta la notte precedente alla partenza, seduto sul divano della Magnani.

Mi infrango su di te con tutti i miei sensi. Aveva riflettuto a lungo sul perché le era venuto in mente Rilke, e alla fine l'aveva capito: l'assassino si era infranto su Colagrossi, tagliandogli le mani e privandolo simbolicamente di uno dei cinque sensi. Non che Colagrossi, da morto, potesse farsene qualcosa, delle mani.

Margherita torna a casa e pensa che il cinema sarebbe il luogo più rassicurante, più giusto in cui stare, la prosecuzione naturale della cena con i ragazzi. E dato che non può andare in sala perché è troppo tardi – la libertà di vedere film fino alle tre del mattino è impagabile! –, avvia per la millesima volta *Io ti salverò*. Durante la prima visione era rimasta imbambolata dalla messa in scena del sogno che Gregory Peck racconta allo psicoanalista: una scenografia di Salvador Dalí, un angelo che poi era la dottoressa Petersen, il 21, il locale che simboleggiava la casa di cura per malati psichiatrici, e poi la partita a carte che rappresentava il complotto dietro il quale si nascondeva l'assassino.

La sua passione per gli horror, i gialli e i thriller d'autore ha un che di ossessivo. C'è stato il periodo Hitchcock, il periodo Dario Argento, il periodo Agatha Christie (suddiviso nella fase Miss Marple e nella fase Poirot), il periodo Rex Stout, il periodo Colombo. E poi ogni volta si ricomincia da capo.

L'ha privato delle mani.

Il numero 1.

Forse si è appisolata, perché le pare che sia passato troppo poco tempo da quando il film è iniziato a quando il dottor Murchison dice a Constance Petersen: «Conoscevo appena il dottor Edwardes. A dire la verità non mi piaceva.»

«Io invece Colagrossi lo conoscevo bene, purtroppo» dice Margherita a voce alta. E scoppia a ridere.

Mentre sta per spegnere il televisore, le arriva un messaggio sul gruppo di classe. Due. Tre. Sette. Quarantadue messaggi nel giro di un minuto sul gruppo della Quinta A, di cui venticinque sono sticker, e tre foto del gruppo riunito per intero al QuickSlow dopo la cena. Dodici sono di Ferzetti, due di Flavia.

«Professoressa.»

«Professoressa.»

«Professoressa.»

«Professoressa risponda.»

«Professoressa risponda, ho scoperto una cosa.»

«Sono sicuro di aver scoperto una cosa.»

«Professoressa, dia retta a me, invece che agli incapaci.»

«Professoressa, ho scoperto perché hanno tagliato le mani a Colagrossi.»

«Dov'è, professoressa?»

«Capisco che vada a letto presto, ma non è mica Noodles di *C'era una volta in America*. Deve stare sveglia.»

«Ma', stai a sentire Ferzetti.»

«Ma', ci sei? Stavolta ha ragione. Ti vengo a prendere io e ti riporto a casa.»

Dai diciotto ai quarantotto anni, la Magnani è stata: fidanzata, sposata, convivente. Ma mai, nemmeno all'inizio delle sue storie d'amore, nemmeno all'apice del *love bombing*, ha rinunciato al sonno. Quando gli uomini cominciavano con le telefonate notturne, i messaggi notturni, il *sexting* notturno, lei andava a letto. Non per denudarsi e fotografarsi, e neanche per dimostrare al suo interlocutore che gradiva quelle attenzioni, contorcendosi in acrobazie che la sua schiena scoliotica non le avrebbe comunque permesso. Margherita andava a letto un po' perché amava dormire, e un po' perché: ma dai, ma sei ridicola, la fustigava il suo Super Io, lasciando l'uomo di turno ai suoi rantoli di piacere. «Oh, scusa, mi sono addormentata» rispondeva poi, il giorno dopo.

Una sublime selezione naturale. Gli uomini attraversavano la galleria del vento quasi sempre finendo per svanire nel nulla. La sola cosa che riusciva a farla stare sveglia fino a tardi erano i film.

Almeno fino a qualche anno prima.

Perché ora c'è la Quinta A.

Chi aveva sostenuto che con gli studenti non bisogna mai oltrepassare il limite del personale?

Non lo sa, non se lo ricorda. Tutti, cazzo, tutti, si dice mentre sotto casa sua aspetta Flavia, neopatentata, alle undici e mezza. *Cazzo. Tutti lo dicono, tutti. E hanno ragione. Siamo stati insieme fino a due ore fa, cazzo. Non ci potevano pensare prima?*

Il QuickSlow si trova a Centocelle. Ferzetti e Sofia sono amici dei proprietari perché per loro due è una seconda casa, tanto che al QuickSlow hanno una saletta riservata.

Con la schiena che grida pietà e le occhiaie di Clara Calamai in *Profondo rosso*, la Magnani arranca dietro Flavia. Si accascia sulla sedia, accanto a Sofia, davanti a Ferzetti.

«Professoressa, mio Dio. Capisco l'età, ma si tiri su, è impresentabile. Una birra per la professoressa, subito!» Ferzetti alza la mano e fa un gesto al ragazzo dietro il bancone.

«Ferzetti! Santiddio, è mezzanotte, ma le pare che io sia nelle condizioni di bere alcol? Non poteva dirmelo prima a cena, quello che aveva da dirmi? Le sembra normale costringermi a questi ritmi?»

In realtà la Magnani è quasi certa che Ferzetti abbia un'informazione importante da condividere. Lo conosce abbastanza per sapere che altrimenti non avrebbe scritto quello che ha scritto. E conosce abbastanza anche Flavia, la sua serietà, l'uso che fa delle parole: non l'avrebbe mai chiamata «Ma'» nel gruppo, se non avesse ritenuto seria la questione, e non avrebbe mai insistito per andarla a prendere dopo che si erano salutati un paio di ore prima.

«Ma non è contenta di rivederci, scusi? Meglio con noi che da sola davanti al televisore, no?» insiste Ferzetti che, quando ghermisce un filone polemico, è peggio di un mastino e non lo molla a nessun costo.

«FER-ZET-TI.»

«Mica stava con un uomo, vero?»

Gli altri lo fulminano con lo sguardo. «Ahó, ma te vòi fa' li cazzi tua?» interviene Sofia.

Ferzetti scuote la testa. «No, ha ragione, è impossibile. Niente uomo.»

La Magnani vorrebbe ridere, ma mantiene il proprio cipiglio. «Che ne sa, scusi?»

«Ah, allora stava con un uomo?»

«Avrei potuto. No?»

Ferzetti sospira. «Non mi sembra il tipo, ormai. In ogni caso, lei per me è asessuata.»

Alessandra gli dà un buffetto sulla nuca. «BASTA! HAI ROTTO IL CAZZO: DIGLIELO!»

«Ecco, appunto, me lo dica.»

«Dai, tira fuori 'sta stronzata, France'» lo incita Daniele.

«Allora.»

Ferzetti fa un respiro profondo. La Magnani si stira la schiena, buttando indietro le spalle. Ferzetti ha ragione, non ho più l'età, pensa tra sé.

«Forse voi penserete che quella viscida creatura sia stata uccisa perché era un porco che insidiava le ragazzine, o perché faceva la spia alla nostra beneamata dirigente scolastica.»

Gli altri ridono. Anche Flavia e Daniele, che Ferzetti lo tollerano a stento, stavolta non riescono a trattenere un ghigno.

«Invece?»

«Invece no.»

«O Signore, gliele dobbiamo tirare fuori con le tenaglie queste ipotesi?» Margherita sbatte il pugno sul tavolo. «Fatemi portare una porzione di patatine fritte.»

«Ma', è tardi... Hai già mangiat—» si azzarda Flavia.

«VOGLIO LE PATATINE FRITTE!»

Flavia scatta in piedi e corre al bancone.

«CON LA MAIONESE!» le grida dietro la Magnani.

«La birra no e le patatine fritte con la maionese sì» bofonchia Tarek all'orecchio di Bolivia.

«Lo sai che è *stvana*.» Bolivia annuisce solennemente.

«Vojo vede' come dorme, poi» commenta Rabhil sottovoce. «E si lamenta che se sente male, che è malata, che sta a mori'.»

«Dicevo.» Ferzetti riprende le fila del discorso. «Non è per questi motivi che il nefando è stato ucciso. Professoressa, gli hanno tagliato le mani. Ci pensi. È un simbolo. Le mani sono la sede per eccellenza di uno dei cinque sensi.»

«Il tatto.» La Magnani completa la frase quasi imbambolata, ma non dal sonno. Non è mai stata così vigile.

«Secondo me è un messaggio. Il numero uno sta per: sei il numero uno dei manigoldi. Oppure significa "il primo", questo si vedrà. Ma le mani rappresentano la sua mancanza di tatto. È stato ucciso perché non aveva tatto. Capisce? Evidentemente, per l'assassino, la mancanza di tatto è la colpa peggiore del Fu-nesto. Ho concluso.»

Le patatine fritte con la maionese del Quick-Slow sono le più buone che la Magnani abbia mai mangiato. Nonostante il chiasso che c'è dentro e fuori dal locale, la musica ad alto volume – di tutte le canzoni che le esplodono nella testa conosce solo *Nothing Else Matters* –, frasi affettuose del tipo «A fra', li mortacci tua, ma 'ndo sei stato tutto 'sto tempo?» lanciate come freccette sul bersaglio appeso davanti al bancone, Margherita Magnani riesce a pensare che forse questa considerazione di Ferzetti, malgrado non la convinca del tutto, sia quanto di più vicino a un'interpretazione verosimile ci sia.

Mentre Ferzetti le ruba le ultime patatine dal piatto, la professoressa dice: «Quindi la faccenda di Tiziana Bucciarelli, di Mamadou—»

«Più che altro quello che hanno detto di Tiziana in sala professori quel giorno...» interviene di nuovo Ferzetti.

La Magnani addenta l'ultima patatina. Annuisce. Poi si ferma di scatto. «Perché? Cos'hanno detto? Chi è che ha parlato?»

Sofia scuote la testa. «Sei un coglione.»

«Un grosso coglione» approva Alessandra.

«GUARDA CHE NON GLIEL'AVEVAMO DETTO DELLA DEPALO E DI TARANTA IN SALA PROFESSORI!» urla Daniele, all'altro capo del tavolo.

«CHE COS'È CHE NON MI AVETE DETTO?» gli fa eco la Magnani.

«Madonna, France'. Sarai pure intelligente ma hai la memoria di un'ameba» dice Marco. «Non ti ricordi che eravamo d'accordo?»

«Sentite, plebe. Io sono troppo limpido, sono cristallino io, mica come voi che siete abituati a mentire. Tanto ormai non cambia nulla, di Tiziana sa tutto. C'è solo questa piccola aggiunta.»

La Magnani li guarda come la mamma di Norman Bates guarda Marion Crane sotto la doccia, prima di accoltellarla. Si prende la testa tra le mani. «CAZZO!» grida. «Ma volete aiutarmi o prendermi per il culo?» Ci risiamo. Lei che dovrebbe dare l'esempio ha fatto ricorso al turpiloquio. Sbuffa. «Scusate. Sono stanca, esasperata...»

«’Nse preoccupi, pressore’» dice Rabhil. «Un “vaffanculo” nun se nega a nessuno.»

«Comunque: secondo me Ferzetti qualche ragione ce l’ha. Le parole sono importanti, per l’assassino. Non ho ancora ben chiaro quali siano i suoi criteri, i suoi ragionamenti – del resto, se così non fosse, avrei già scoperto chi è –, ma quella che ha avuto Ferzetti è una specie di epifania.»

«*Epi* che?» chiede Flavia.

«Epif... Vabbè, una rivelazione. Non abbiamo ancora studiato Joyce, quindi non potete capire quello che intendo.»

«Ma se c’è la parola “rivelazione” usa “rivelazione”, no? Sennò ci sentiamo scemi!» protesta Daniele.

«Sì, vabbè, voi vi sentite scemi e io invece non mi sento bene.»

I ragazzi si guardano, qualcuno alza gli occhi al cielo, Sofia e Alessandra si danno di gomito, Daniele sussurra: «E te pareva», e Tarek ridacchia mettendosi la mano davanti alla bocca.

«*Pvessove’*, ’na bella canna e je passa tutto!» si offre Bolivia.

«Ma quale canna. Se fumo una canna svengo.» Si tocca la fronte con la mano destra. «Secondo me ho la febbre. Sicuro. È febbre.» Chiude gli occhi per un attimo, poi li riapre e dice: «Ce l’hanno qui la tisana curcuma e zenzero?

Intanto raccontatemi di queste chiacchiere che avete sentito in sala professori. Voglio una tisana curcuma e zenzero.»

Non vuole coinvolgere i ragazzi, dirà che è venuto in mente a lei. Tacerà sullo scambio tra Taranta, Depalo e Colagrossi. Prega dentro di sé che Tiziana, il suo ragazzo – un po' effervescente, da quel che le ha raccontato Tarek – e Mamadou – *ma come potrebbe un ragazzo come lui architettare un delitto del genere?* – abbiano un alibi. Mentre aspetta che il commissario la riceva, vede che Cristiana le ha mandato un messaggio. È un'immagine. La Magnani zooma con le dita e vede che si tratta di un'intervista apparsa su un quotidiano a tiratura nazionale. Ci sono due piccole foto: una di Croci Depalo (professoressa di Italiano e Latino) e l'altra di Davide Taranta (professore di Italiano e Latino). Il titolo dell'intervista è: *Abbiamo paura*.

«In questa scuola siamo in trincea» dichiara Depalo. «Nessuno ci difende, siamo in balia della criminalità. Ogni giorno è una scommessa, ormai rischiamo anche di non tornare a casa.»

«I nostri non sono studenti *normali*» rincara Taranta. «Stavolta ci è andato di mezzo un professionista integerrimo e competente, che non scendeva a compromessi. Domani potrebbe toccare a chiunque altro di noi.»

Professionista integerrimo un cazzo, dice tra sé Margherita.

«A scuola si combatte la violenza in ogni sua forma» sottolinea Depalo. «Ma spesso veniamo aggrediti. Qui insegniamo la disciplina e il rispetto e in cambio riceviamo minacce.»

«Non abbiamo idea di chi possa essere stato, ma chi viene a insegnare in questo istituto sa bene in quali problemi va a infilarsi. Naturalmente, non tutti i ragazzi sono violenti, ma non si può negare che, in territori come questo, ci sia un'aggressività endemica, sia nelle famiglie che negli studenti.»

Ma guarda che stronzi!, pensa la Magnani. Adesso danno la colpa ai ragazzi, che merde!

«Prego, professoressa. Si accomodi.»

Ciardulli si mette di fianco alla porta per lasciarla passare. Nella sua stanza c'è anche Donati, il collega.

«Ha letto l'intervista?» Con il mento indica il cellulare che la Magnani stringe nella mano destra.

«Sì.»

«E che ne pensa?»

«Tutto il male possibile» sbotta la professoressa.

«E perché?»

Margherita si siede. «Perché non ci crederò mai che possa essere stato uno dei ragazzi. *Mai.*»

Il poliziotto ride. Dev'essere andato dal dentista perché ora gli manca solo un dente, sull'arcata superiore sinistra. «Ha le prove?»

A ben vedere non è una risata, la sua. È una beffa.

«No, ma conosco i miei ragazzi.»

«Oh, anche le mogli conoscono i mariti che le ammazzano. Così come le madri conoscono i mariti che stuprano i loro figli.»

Il collega, sempre in piedi, annuisce. La guarda inarcando un sopracciglio.

«Inoltre» tossicchia il poliziotto levigato, schiarendosi la voce, «abbiamo appurato che lei è una grande amica e sodale dei suoi studenti. Questa sua opinione, mi permetta di essere sincero, non ha un grande valore dal punto di vista investigativo.»

«Ah, lo avete appurato? E come?» La domanda le viene fuori con un tono involontariamente strafottente. La prima volta che aveva parlato con loro era troppo spaventata, si sentiva priva di risorse emotive.

«Le ricordo che qui siamo noi a fare le domande. E le ricordo anche che è stata proprio lei a raccontarci del collegio docenti e della scenata che la vittima le ha fatto davanti a tutta la classe.»

Sicuramente avrà parlato con quei due ipocriti, e non solo con loro, pensa Margherita. A scuola può contare su una sola vera amica: Cristiana. Gli altri sono gentili, certo. Non sono come Taranta e Depalo. Ma dopo la delusione che ha provato con Colagrossi, non se la sente più di mettere una mano sul fuoco giurando sulla loro limpidezza. E si sente pure in colpa, per questo.

«E ora mi dica: perché è venuta qui? Ha qualcosa da dirci?»

«Sì, in effetti sì.»

«Di che si tratta?»

«È una cosa che mi è venuta in mente: secondo me può essere utile per individuare l'assassino. A Colagrossi hanno tagliato le mani, giusto? E cosa sono le mani? La sede per antonomasia di uno dei cinque sensi: il tatto. Gliele hanno tagliate perché la sua colpa era quella di essere un uomo privo di tatto. Mi sono spiegata? Non trovate che sia illuminante? Era privo di tatto, quindi—»

«Ma in che senso era privo di tatto?» interviene l'investigatore rimasto in piedi. «Con chi si era mostrato privo di tatto? Da quel che ci risulta, lei è l'unica con cui ha avuto... problemi di questo tipo.»

L'unica. Quella parola rimane lì, a galleggiare davanti ai suoi occhi. Vorrebbe rispondere che non è vero, che i ragazzi e i colleghi le hanno assicurato che Colagrossi si era comportato più volte in modo miserabile anche con loro, ma capisce che i colleghi hanno descritto il vicepreside come un santo e che i ragazzi, agli occhi degli investigatori, non hanno alcuna credibilità.

«Colagrossi non era...»

«La dirigente del vostro istituto sostiene che fosse praticamente lui a mandare avanti la scuola» insiste Ciardulli.

Ora che lo guarda con più attenzione, Margherita vede che una riga gli divide in due la punta del naso. È come se ne avesse due in uno.

«La dirigente mi ha detto che non la conosce.»

«In che senso?» La Magnani sbarra gli occhi.

«Dice che non sa chi sia lei. Che se insegna nella sua scuola, dev'essere appena arrivata.»

«Ma...» Margherita scoppia a ridere. «Guardi che la mia dirigente è notoriamente rinc... Distratta. Siamo duecento docenti. Lei conosce solo quelli con i quali ha a che fare, quindi una decina di insegnanti. Io lavoro in quella scuola da tre anni.»

«Conosce bene i ragazzi?»

«Li conosco benissimo. Sì.»

«Si fida di loro?»

«Ciecamente. Non mi sono mai sbagliata sui miei studenti.»

«"Miei".»

«Sì, *miei*.»

«Capisco. E loro si fidano di lei?»

«Non abito nel loro cervello, ma credo proprio di sì. Ne sono piuttosto sicura.»

«Farebbe qualsiasi cosa per proteggerli?»

«Sì. Qualsiasi cosa. Sono sicura della loro innocenza, malgrado... malgrado qualcuno dei miei colleghi dica il contrario.»

La Magnani si rende conto che la teoria di Ferzetti sulla mancanza di tatto non ha fatto presa sugli investigatori.

«Abbiamo trovato due serie di impronte nell'aula in cui è stato ucciso il professor Colagrossi. Evidentemente l'assassino aveva ripulito tutto, oppure indossava dei copriscarpe. Però, dopo aver chiuso l'aula agli estranei, sono rimaste comunque due serie di impronte. Una appartiene a una persona che calza il trentasette, e sono impronte di Dr. Martens.»

L'investigatore abbassa gli occhi sugli anfibi neri e ormai sformati della Magnani con uno sguardo d'intesa. «E fin qui, tutto bene. Sappiamo che si è avvicinata al cadavere.»

«Vuole un caffè?» interviene l'altro poliziotto, che ora si è seduto dietro la sua scrivania.

La Magnani si gira di scatto. «No, grazie. Una tisana curcuma e zenzero, se possibile.»

«Eh?»

«Una tisana curcuma e zenzero. Non mi sento bene.»

«Appena oltre la soglia della porta, però, verso l'interno» si intromette l'investigatore calvo, con gli occhi penetranti e il tono inquisitorio, «c'è un'altra serie di impronte. Una persona alta un metro e settantacinque circa. Scarpe da ginnastica, Nike, numero quarantadue.»

La Magnani resta impassibile.

«Quindi?»

«Quindi qualcuno dei suoi ragazzi ha visto il cadavere prima di lei e l'ha avvisata.»

In sottofondo, la Magnani sente il collega di Ciardulli telefonare al bar e ordinare la tisana. Le pare di cogliere una risatina nella voce del poliziotto mentre pronuncia «curcuma».

«Chi è stato ad avvisarla? È meglio che ce lo dica, mi dia retta. Se il ragazzo, o la ragazza, non ha fatto niente, non ha nulla da temere.»

«Non so davvero cosa rispondere.» La Magnani incrocia le braccia sul petto.

«Professoressa, così non lo aiuta. Così ci fa sospettare qualcosa di brutto.» Ciardulli è spaventosamente serio.

Così cupo che Margherita si allarma: e se tacendo stesse mettendo nei guai Ferzetti, invece di aiutarlo? «Non c'è niente di brutto da sospettare» dice la Magnani, ma la voce le trema. Lei ha paura della polizia. Come tutti gli innocenti, gli sprovveduti, i fragili, gli eternamente terrorizzati, davanti a una divisa se la fa sotto.

Due colpetti alla porta la fanno sussultare. È il ragazzo del bar, che appoggia sulla scrivania, davanti a lei, una tazza di tisana curcuma e zenzero e se ne va di corsa, con il vassoio sottobraccio.

Ciardulli fa una smorfia. L'odore della tisana è arrivato fino a lui. La Magnani ne beve un sorso.

«È stato Ferzetti.»

«Cosa? Parli più forte, non la sento!»

«Ha sentito benissimo.» La Magnani beve un altro sorso di tisana, guardando Ciardulli con aria truce. «Ho mandato in bagno Ferzetti, quando è tornato in classe e me l'ha detto, è svenuto. Lo lasci fuori da questa storia, la prego.» La risposta le esce dalla bocca senza che lei se ne renda conto.

Non è nemmeno riuscita a proteggere i suoi ragazzi. *E adesso? Povero Ferzetti.*

«Dobbiamo sentirlo. Se non ha fatto niente non deve preoccuparsi, glielo ripeto.»

«Lo dice lei. Io non ho fatto niente e mi preoccupo moltissimo!»

Un altro sorso di tisana.

«A proposito... È a Ferzetti che è venuta in mente quella teoria, per la verità.»

«Quale teoria?»

«Quella del tatto.»

«Ah, *quella*.»

L'investigatore diventa serio, quasi lugubre.

Le ricorda lo zio Fester, ma lo zio Fester era simpatico e affettuoso.

«Professoressa Magnani, mi piacerebbe poterle dire che questa nostra chiacchierata mi è stata utile, ma non è così. Forse però a lei sarà utile sapere che questa sua strenua difesa dei ragazzi non va a suo vantaggio. La invito a collaborare, se sa qualcosa. Lo dico nel suo interesse.»

«Io *sto* collaborando. Sono venuta a raccontarle la mia teoria.»

La Magnani appoggia la tazza sul piattino.

Di fianco a lei, il poliziotto seduto alla scrivania gesticola con la mano davanti al naso come se volesse scacciare l'aria. «Vada pure, professoressa. Verremo a prendere le sue scarpe. A meno che non voglia lasciarcele ora: volontariamente, intendo.»

«Cristiana?»

«Ehi, ti stavo aspettando al Barnout. Dove sei?»

«Al commissariato. Sono senza scarpe.»

«Eh? Senza scarpe?»

«Esatto. Hai capito bene. Sono a piedi nudi con questo freddo, meno male che ho le calze pesanti e i calzini sopra. Vedrai che mi verrà una broncopolmonite, già sento il naso che mi brucia. Io poi soffro d'asma, cazzo, se mi raffredd—»

«Ti passo a prendere e ti accompagno a casa?»

«Sì, per favore. Scusami per il disturbo. Portami pure qualcosa da mangiare che così prendo una tachipirina preven—»

Clic.

«Ma dovevi lasciare che venissero a prendersele loro, scusa!» la rimprovera Cristiana, mettendo in moto. Margherita è uscita dal commissariato scalza, in punta di piedi, cercando di non toccare terra con la pianta per prendere meno freddo. Sembrava un pinguino, mentre si teneva in equilibrio con le braccia. «Sei rimasta senza scarpe! A NOVEMBRE!»

«Vabbè, ma almeno così gli ho dimostrato la mia buona fede, la mia volontà di collaborare... Già mi hanno detto che sono l'unica ad avere un movente, non è che stia messa benissimo, eh.»

Cristiana guida, sbuffando.

«Quindi dici che è grave?»

«Ma no, sei innocente come un putto, lo sanno pure loro. Solo che stanno ancora indagand—»

«Non mi riferivo a questo.»

«E a cosa, allora?»

«Al fatto di camminare scalza a novembre. Dici che è grave?»

Cristiana si ferma al semaforo rosso di via Girolamo Benzoni, proprio davanti al ponte Settimia Spizzichino. Si gira a guardarla come se la Magnani fosse il risultato di un esperimento contrario alle leggi della fisica.

«Mi ammalerò. Me lo sento. Stavolta mi ammalerò.» Margherita scuote la testa, si massaggia i piedi per scaldarli.

«Mi dispiace, Francesco.» Glielo dice sottovoce, seduta a un tavolino del Barnout, il giorno dopo. Gli ha chiesto di vedersi da soli, perché doveva parlargli. Passa dal lei al tu, perché non c'è distanza in quelle scuse, non possono esserci ruoli. «Io non volevo che uscisse il tuo nome, ma lo sapevano già, lo avevano capito...» È contrita, preoccupata. Conosce bene Ferzetti e la sua spavalderia. Conosce la sua strafottenza ma anche la sua profonda fragilità.

«Non si preoccupi, professoressa» risponde Ferzetti, con una smorfia sul viso a sottolineare la generosità del suo perdono. «Sono stati gentili. Non ho nulla da temere, in fondo. Gli ho consegnato volontariamente le scarpe.»

«Eh, anch'io. Che palle.» Parla sottovoce la Magnani, e sbuffa.

«Comunque...»

«Comunque?»

Nel frattempo si avvicinano anche Sofia, Flavia, Daniele e Marco, che fino a quel momento erano rimasti a osservarli da lontano.

«Comunque gli ho raccontato di Tiziana e di Mamadou.»

«Ah.»

«Lei non gliel'aveva detto?»

«No.»

«Ah.»

«Vabbè...»

«Mi rincresce, ma dovevo rispondere.»

«Lo capisco, lo capisco.» Ora mi richiameranno. Non la finiremo più, pensa la Magnani. Vaglielo a spiegare che ero in buona fede...

«Il poliziotto che mi ha interrogato mi è parso poco interessato alla mia teoria sulla mancanza di tatto.» Ferzetti è deluso. «Non mi sembra molto intelligente. Ma se ne pentirà, perché io so di aver ragione», e mette sotto il naso della Magnani una foto di lui sdraiato con Sibir accoccolato accanto, la testa sul suo petto.

«È stupendo.» Per la prima volta da quando Colagrossi è stato ucciso, alla Magnani vengono le lacrime agli occhi. Un po' perché le torna in mente, con la forza dirompente dell'assenza, la sua gatta, un amore che è stato assoluto, lunghissimo, e un po' perché è stanca.

«Oh, prof...» dice Marco. «Ma che fa, piange?»

«Ehi...» Flavia le mette un braccio attorno alle spalle.

«Chi devo mena'?» tuona Daniele.

«Be'?» Sofia è spaventata. Non ha mai visto la Magnani così triste, così sconfitta.

«Niente, niente, non è niente. Un momento di malinconia. Sono troppo sotto pressione.»

«Vabbè, pressore', se riposi. In classe non facciamo niente, così c'ha uno stress de meno.»
Ridono tutti.
Ferzetti la scruta, serio.
Margherita pensa che la sua gatta si chiamava Margot, e che Margot e Margherita sono due nomi diversi, due identità diverse. Nella traduzione si perde sempre qualcosa. La traduzione è come la vita, quindi. *DIES. Muore.* O come la morte.

4

A un certo punto la scuola ricomincia, e sarà così per sempre. In genere accade a settembre, stavolta invece è ricominciata due volte. I collaboratori scolastici sono taciturni e sgarbati, gli insegnanti vanno più di corsa del solito: non salutano, non si fermano in sala professori a chiacchierare. Sono tutti molto seri, la schiena dritta, «buongiorno» e «buonasera». I ragazzi no. I ragazzi sono gli stessi di sempre. I ragazzi sono le felci della scuola: hanno bisogno di poca luce per vivere, e infatti vivono, prosperano, frusciano. Parlano, non abbassano la voce. I ragazzi sanno tutto, come la scuola: sanno che Colagrossi li detestava, che era volgare, che aveva gli occhi torbidi, che faceva la spia, che non sapeva parlare con loro e che nemmeno gli interessava. Sanno di Mamadou e di Tiziana, della Magnani, di Depalo e Taranta, della preside, degli interrogatori. Le parole, tra i ragazzi, viaggiano pesanti ma velocissime; nessuno rimpiange Colagrossi, alcuni dicono che chi l'ha ammazzato ha fatto un favore a tutti, che secondo loro è stato lui, lei, quell'altro, quell'altra, che «la Magnani è troppo cojona pe' fa' 'na cosa del genere», che «non me sarei mai sporcato le mani co' lui», che «fosse per me, qua dentro dovrebbero schiattare tutti».

Quando la Magnani entra a scuola, quella mattina, i colleghi fingono di non guardarla, e invece la fissano come se da un momento all'altro potesse tirare fuori dalla borsa un coltello, una pistola, le mani del vicepreside.

«Ma vai a cacare» mormora la Magnani ogni volta che incontra un collega che abbassa la testa e non la saluta.

«Ma che ti frega» le dice Cristiana Pacinotti. «Hanno bisogno di trovare un colpevole, e tu sei la scelta più semplice. Ti risulta che qui ci siano delle menti eccelse?»

«Mettiti al posto mio. Una che a scuola ci è sempre venuta col sorriso, felice di starci. Adesso entro qui dentro e mi sento finita. Almeno Colagrossi non si è accorto di morire. Io me ne accorgo ogni santo giorno» risponde Margherita.

«Dai, che almeno il consiglio di classe di Quinta A è carino.» Le dà una pacca sulla spalla. «Sostegno, Religione...»

«TARANTA!» La Magnani finge di vomitare. «Consiglio di classe carino un cazzo.»

«Ma fregatene di quello.»

«Certo, ma è difficile. Io non me ne sono mai fregata di niente, non sono capace, per me fregarmene di qualcosa è impossibile come capire le materie scientifiche.»

Non è mai andata in bagno così spesso come nei primi giorni dopo la riapertura della scuola.

Ancora nessun indagato per l'assassinio del professore, titola il celebre quotidiano. È diventato «l'assassinio del professore» per tutti i giornali. Non sono state pubblicate altre interviste, solo qualche soffiata uscita dal commissariato. Dall'analisi del cellulare non è emerso niente di eclatante: nessun indizio, nessuna telefonata compromettente, nessun messaggio rivelatore. L'ultimo accesso a WhatsApp risaliva a due giorni prima della sua morte, un messaggio da parte della badante della madre. Niente donne, niente uomini, niente amici. Solo la scuola, molte telefonate dalla dirigente scolastica, dalla segreteria. Un uomo solo, che pensava esclusivamente al lavoro. Un professionista integerrimo. La Magnani non ha più voglia di leggere i giornali. Quel «si indaga in ogni direzione, il movente è da ricercarsi nell'ambito scolastico» le ha tolto la voglia di farsi una risata. Sorride solo ora, che sta per entrare in classe.

«Dov'eravamo rimasti?» chiede alla Quinta A.

I ragazzi l'aspettano immobili, muti, sembrano finti. Taranta le è appena passato accanto, si stanno dando il cambio. Appena i suoi studenti la vedono, scoppia un applauso, gridano: «Daje MA-GNA-NI!»

Il chiasso è talmente forte che Taranta si gira. È livido. «Tanto sono già tutti spacciati» borbotta il professore di Italiano e Latino. «*Similia cum similibus.*» Dice proprio così: *similia cum similibus*.

«Come stai, Mamadou? Mi sei mancato!» dice la Magnani.

Il ragazzo è seduto accanto al suo insegnante di sostegno.

«Ciao!» la saluta agitando la mano. Ha gli occhi lucidi. Trema. «Dicevano che non tornavi...»

Flavia alza gli occhi al cielo.

«Non si può costringere Mamadou a dire o non dire qualcosa...» sussurra Sofia. «Evidentemente l'ha sentito dire in corridoio, da qualcuno... o dai suoi...»

«E chi lo diceva, Mamadou?» chiede la Magnani.

«Ma no, nessuno...» Bernardo Lavorino passa un braccio attorno alle spalle di Mamadou e lo attira a sé. «Vero, Mamadou?»

«Quello di prima l'ha detto. Quello di Italiano e Latino. Ha detto che tanto prima o poi non saresti tornata più.»

Nella classe cala una cappa densa. Il disagio prende forma in quelle smorfie imbarazzate, quelle labbra tirate sul viso di tutti. Margherita Magnani comincia a temere che Taranta sappia qualcosa che lei non sa.

«Ma no, Mamadou, non ha detto proprio così, dai» insiste Bernardo. «Ora prendi il libro di Inglese, su.»

«HA DETTO PROPRIO COSÌ: "TANTO PRIMA O POI LA MAGNANI NON TORNA PIÙ"» ripete Mamadou a voce alta, ed è molto soddisfatto di se stesso, per aver ricordato a memoria una frase intera.

«Forse è quello che spera» borbotta sferzante Alessandra.

«Forse è 'no stronzo» chiosa Daniele.

La Magnani sta vivendo uno di quei momenti in cui avverte il peso della vita e delle scelte. Non ascolta più, è ripiegata su se stessa. Chiunque la osservi, da fuori, vede un viso aperto, sorridente, quasi ironico. Il viso di chi se ne frega di ciò che pensano gli altri. Dentro, invece, la professoressa sta pensando che sarebbe stato tutto molto più facile se non fosse mai nata. Dentro, pensa che vivere è troppo difficile e che farsi forza è faticoso, e lei si è stancata. Dentro, ricorda tutte le scelte che ha fatto per arrivare fin lì: il divorzio, la morte dei genitori, la povertà, i traslochi continui, quella sensazione perenne di essere senza casa, fuori posto, sempre sull'orlo di un burrone; la convivenza, il tradimento, quello che le scrive «sono il tuo schiavo»; l'altro che le scrive «calpestami»; il collega che vuole venire a lavarle i piatti e a buttarle la spazzatura, perché gode così; l'uomo sposato; la noia. Poi di nuovo lo studio, la scuola, i ragazzi, la sensazione inedita di aver trovato un'altra casa. E, nel frattempo, le speranze tradite, le amicizie inconsistenti, le parole rimangiate. La voglia, il bisogno di aggrapparsi e di fidarsi sempre di chi le dice: «Ti voglio bene.» La sua vita, insomma. E adesso si ritrova in pericolo nell'unico posto in cui si è sempre sentita al sicuro, almeno da adulta. Questo suo essere continuamente tirata fuori a forza dalla comfort zone la fa arrabbiare. La fa incazzare. La fa disperare.

«COMUNQUE MAMMA E PAPÀ DICONO CHE IL VICEPRESIDE ERA UNA MERDA MALEDETTA!» Mamadou è sempre più felice di poter ricorrere alla sua memoria di ferro. Spera di consolare la Magnani con quelle parole, di farla sentire meno sola.

La classe scoppia a ridere, qualcuno applaude.

«L'ha detto anche Bernardo ai miei genitori, che il vicepreside era una merda maledetta» bofonchia Mamadou.

L'insegnante di sostegno, chiamato in causa, tace e finge di non aver sentito.

La Magnani, nel frattempo, si è risvegliata da quella specie di calvario a ritroso, il suo cavallo di battaglia da autolesionista certificata, e sta contenendo una risata tonante. «Mamadou, non si parla male dei morti.»

«Mia madre e mio padre dicono che era una merda maledetta da vivo, non da morto.»

Margherita abbassa la testa, inspira profondamente per non ridere e, soprattutto, per non dare ragione a Mamadou, e poi riporta lo sguardo sui visi dei ragazzi. «Adesso voi prendete appunti, e non voglio più sentirvi parlare.»

«Appunti?» chiede Ferzetti.

«Sì, si fa lezione, Ferzetti.»

«Ma appunti in inglese?» chiede Daniele.

«No, in sanscrito.»

«Oddio, pressore', ma che veramente vo' fa' lezione?»

«Sì, iniziamo Oscar Wilde.»

Margherita vorrebbe poter tornare a casa a pranzo: vorrebbe avere il tempo per poterlo fare, ma il collegio docenti inizierà alle tre e l'ultima lezione della giornata per lei finisce all'una. È costretta a sedersi al Barnout e ad aspettare. Spera con tutta se stessa che Cristiana arrivi presto, che la raggiunga.

«Ciao, Margheri'!» la saluta Federica. «Che ti porto?»

«Boh, frutta?»

«Macedonia?»

«Macedonia.»

Federica sta per andarsene, ma a Margherita viene in mente che da bere non ha ordinato niente. Le grida dietro: «E una tisana curcuma e zenzero. Mi fa male tutto. Magari mi aiuta.»

I tavoli all'aperto sono ancora quasi tutti liberi. La maggior parte dei docenti staccherà alle due.

«Bella mia!» La voce stridula di Croci Depalo le trafigge il cervello. «Che ci fai qui tutta sola? Dai, mi siedo con te. Una piadina bresaola e rucola, Federica!» Federica, da dietro il bancone, annuisce. «E uno spritz!» Federica annuisce di nuovo. «Che macello, eh?» torna a rivolgersi a Margherita. «Tu come stai? Non ti vedo benissimo. Hai letto l'intervista di qualche giorno fa? Eh, non è facile avere a che fare con questi ragazzi. Che poi tutti dicono che tu eri l'unica ad avere un movente, ma loro, i ragazzi? Nessuno pensa ai ragazzi? Questi sono tutti dei delinquenti, tutti dei malavitosi, cara mia, non c'entra niente quella cosa del collegio docenti. Questi ci minacciano. Ti hanno mai minacciata? Ah, figuriamoci se lo ammetteresti mai, tu.» Fa un'espressione schifata. «Questi ragazzi li ami troppo. Troppo, sottolineo. *Troppo.* Io sono stata minacciata almeno due volte. Mi aspettavano fuori dalla scuola, appoggiati alla mia macchina. E non sono l'unica alla quale è successo, eh...»

Croci si interrompe solo perché arriva Federica con il vassoio delle ordinazioni.

La tisana fumante riempie lo spazio tra loro.

«Ma perché bevi 'sta schifezza? Fatti uno spritz, scusa. Poi ci credo che non hai una vita sociale: nessuno ti invita fuori se sa che bevi questa robaccia...» Mentre sorseggia lo spritz al campari, sposta lo sguardo da un'altra parte. «Ehi, ciao, guarda guarda chi c'è.» Croci rivolge un'occhiata maliziosa a Margherita.

«Vieni, vieni, Marcello. Accomodati.»

«Disturbo?»

«Ma quando mai. Non ti vedo da secoli in sala professori, l'ultima volta sarà stata all'incirca all'inizio dell'anno scolastico!»

Margherita sorseggia la sua tisana. Sa che Marcello la sta guardando. *Dio santo, ma perché, perché non posso stare in pace per un'ora, almeno per un'ora?* Le viene in mente il meme che gira sui social: un gatto guarda la vita scorrere oltre la finestra e si chiede: quando finirà tutta questa solitudine? Alle sue spalle si avvicina una donna che lo accarezza, il gatto sussulta, si gira all'improvviso e, accigliato, le dice: «Vattene, ho bisogno dei miei spazi.»

Ecco, quel gatto è lei.

«Eh, sono sempre di corsa...» risponde Marcello, appoggiando il borsone sportivo a terra, accanto al tavolo. Ha il viso paonazzo, è sudato. «Scusate, sono stato in palestra, qui dietro... Non ho avuto il tempo di fare la doccia...»

Margherita vorrebbe rispondere: me ne sono accorta. Ma Marcello Barba le fa pena. Forse dovrebbe dirglielo: mi fai pena. Almeno così smetterebbe di invitarla a uscire.

«Offro io, eh!» dice, entusiasta, Marcello. «Ora ordino...» Fa un cenno a Federica.

«Marcello, tu che ne pensi di questo omicidio? Chi è stato, secondo te? Tutti dicono che c'entra Margherita, ma io penso sia stato uno dei ragazzi. Sono tremendi. Certo, pure Colagrossi non era un giglio, ma insomma, da qui ad ammazzarlo... Cioè, noi professori rischiamo la vita tutti i giorni, no? L'ho anche detto nell'intervista...»

Marcello sospira. Scuote la testa. «Be', non saprei, Croci. Non ho mai parlato granché con Colagrossi; il minimo indispensabile, insomma. Non so se saremmo andati d'accordo. Diciamo che non mi è mai venuta voglia di approfondire. E poi con certe persone devi limitarti ad ascoltare, non puoi fare molto di più.» Addenta il tramezzino tonno e carciofini. «I ragazzi non sono degli assassini: non esageriamo, Croci. Hai fatto la domanda alla persona sbagliata: io insegno Religione, per me gli ultimi devono essere i primi. Per me», beve un sorso di birra, «uno come Mamadou Diagne va protetto. Una come Tiziana Bucciarelli va protetta. In qualsiasi modo.»

Croci arrossisce. Non replica.

Margherita la guarda, stupita. *Croci che non replica? Un evento da segnare in rosso sul calendario. 13 novembre 2023, Croci è rimasta senza parole.*

Croci guarda l'orologio. «Oh, mio Dio! Devo scappare!» Si alza in fretta, prende la borsa. «Grazie per il pranzo, Marcello. A dopo!»

Mentre Croci si allontana, Margherita si gira verso Marcello e lo guarda di sottecchi. Marcello Barba ha messo a tacere Croci Depalo. La Magnani continua a non essere attratta da lui, ma forse – solo *forse* – Religione ha smesso di farle pena.

I duecento docenti in servizio sono tutti presenti. Evento rarissimo, sono entrati in aula magna almeno un quarto d'ora prima dell'inizio del collegio. La Magnani è seduta tra Marcello Barba e Cristiana Pacinotti. In prima fila, Croci Depalo sta parlando con Davide Taranta, seduto alla sua sinistra.

Le grate di ferro alle finestre, in alto, quel giorno le sembrano una potente metafora della sua condizione. Non c'è il frastuono che in genere producono quelle duecento voci che si sovrappongono l'una all'altra: c'è solo un mormorio gelido e cattivo, che si propaga come i cerchi concentrici dopo che un sasso ha colpito il pelo dell'acqua.

Dieci minuti dopo le tre fa il suo ingresso la dirigente scolastica, seguita dalla segretaria e da una collaboratrice della presidenza. Dietro la lunga scrivania c'è una sedia vuota.

«Buon pomeriggio a tutte e a tutti.» La dirigente saluta con una voce funerea, rivolgendosi in modo teatrale alla sedia vuota. «Ho voluto fortemente mantenere questo posto, oggi, perché Colagrossi è ancora qui con noi, anche se non è presente.»

Dopo due secondi di paralizzato silenzio, le prime file scoppiano in un applauso fragoroso. Anche gli altri li imitano, seppur con minore entusiasmo.

La dirigente, oggi, è più elegante del solito: i capelli raccolti, la minigonna, la giacca blu stretta in vita. Gli occhiali sono appoggiati accanto al computer. «Non c'è un ordine del giorno, come avrete notato. Abbiamo solo bisogno di stare un po' insieme e di confrontarci. Io stessa non mi sento molto bene...»

Cristiana dà una gomitata leggera a Margherita. «Oh, ma siete anime gemelle, te e la preside!» sghignazza. «Pure lei non sta bene, vedi?»

«Stronza. Io non sto bene sul serio» borbotta Margherita.

«Eh, certo, come no.»

«ALLORA!» La dirigente alza la voce, come se avesse sentito quello scambio di battute. Ma non è possibile, la Magnani lo sa: sono troppo lontane. «Chi vuole iniziare? Vi prego di alzare la mano e di procedere con educazione.»

«Prima l'appello!» le ricorda la segretaria.

«Giusto, prima l'appello. Fate girare il foglio delle firme. Ah, eccolo.»

La dirigente vede spuntare l'angolo di un foglio da sotto la tastiera del computer. Lo sfila di scatto e lo tiene così, tra il pollice e l'indice, stringendo le palpebre, nel tentativo di capire se si tratti davvero del foglio delle firme. Non vede niente, si mette gli occhiali. Lo avvicina al viso.

La pelle, che prima era color terracotta, diventa grigia. Spalanca la bocca e inizia a respirare come se fosse in preda a un attacco d'asma, come se avesse fame d'aria. Guarda prima la segretaria, poi la collaboratrice, girandosi infine verso i docenti seduti davanti a lei: duecento teste, mai così composte, così serie, così inquisitorie.

«Ma che cazzo...» Margherita balbetta tra sé.

La dirigente grida nel microfono: il suo sembra il verso di un'aquila, amplificato dalle casse.

I docenti fanno smorfie di dolore, si tappano le orecchie. La dirigente continua a gridare.

La segretaria arriva alle sue spalle, le toglie di mano il foglio e lo lascia andare come se scottasse, consegnandolo alla collaboratrice della preside.

La dirigente, continuando a urlare, si accascia sulla sedia: «Chiamate il 112, chiamate la polizia. Prima il 112 però, sto male, sto male, sto per svenire... CHIAMATE IL 112!»

Non sviene, ma il colorito rimane grigiastro.

Uno dopo l'altro, i docenti chiedono cosa c'è, che succede, vogliono sapere cosa c'è scritto sul foglio: «Leggetelo, sbrigatevi!»

La collaboratrice restituisce il foglio alla dirigente con mano tremante. In confronto alla preside, sembra equilibrata come Salomone. «Non voglio prendermi questa responsabilità. È orribile.»

La dirigente, restando seduta, prende in mano il microfono. «Ehi, zitti, zitti tutti, seduti, non si sente niente! Piantatela!»

«Se continua così, muore prima di averlo letto, scommetti?» dice Cristiana a Margherita.

«ZITTI, SANTIDDIO, ZITTI!» La dirigente si schiarisce la voce. «Chiamate il 112, chiamate la polizia, chiudete le porte dell'aula magna, nessuno deve uscire...» dice poi, tutto d'un fiato.

«PRESIDE, CI LEGGA COSA C'È SCRITTO SU QUEL FOGLIO.» Il collega di Diritto si alza dall'ultima fila. «NON TERGIVERSIAMO.»

«Madonna, nemmeno in *Psycho* c'era tutta questa tensione...» ridacchia la Magnani.

«SUL FOGLIO...» La dirigente tossisce. «SUL FOGLIO C'È SCRITTO...»

«È meglio di Eleonora Duse, ahó!» insiste Cristiana.

«C'È SCRITTO: "CHI SARÀ IL NUMERO DUE?" E... E SOTTO C'È L'IMPRONTA DI UNA MANO. INSANGUINATA.»

Di nuovo la polizia. Di nuovo Ciardulli. Di nuovo le domande: ai collaboratori scolastici del piano seminterrato dov'è situata l'aula magna, alla dirigente, a qualche docente.

«Ben ritrovata, professoressa Magnani.»

L'investigatore la fa accomodare di nuovo nell'ufficio della presidenza.

La Magnani ha una sensazione di déjà-vu. «Guardi, il piacere è reciproco, ma io non c'entro niente con quel foglio. Sono stata sempre in compagnia del collega Barba, di Religione, e siamo entrati in aula magna insieme alle tre meno un quarto. E l'aula magna era già piena.»

«Il foglio è stato analizzato. E prima delle tre meno un quarto dov'era?»

«Ho avuto lezione in Quinta A fino all'una, poi sono andata al Barnout. Poco dopo è arrivato anche Barba. Sto dicendo la verità. Mi creda, almeno lei. Lo sa che qui a scuola tutti mi ritengono colpevole? Lo sa?»

«Professoressa, non è colpa mia se lei è l'unica ad avere un movente così plateale, e inoltre non ha un alibi. In effetti, l'ho fatta chiamare per dirle che le sue scarpe coincidono con la prima serie di impronte trovate nell'aula.» Le sorride bonariamente.

«Le scarpe potete tenervele, ne ho comprato un altro paio. Il problema è che mi ha mandato a chiamare: è questo il problema. Se qualcuno aveva dei dubbi sulla mia colpevolezza, adesso glieli avete cancellati definitivamente.»

L'investigatore le sorride, per la prima volta con un'espressione comprensiva e aperta. «Vuole una tisana curcuma e zenzero?»

Il collega alle sue spalle si prende il naso tra il pollice e l'indice della mano destra. Scuote vigorosamente la testa. Fa segno di no con la mano sinistra.

«Sì.»

«Lo sappiamo già che lei è uscita dalla scuola all'una e cinque, che è andata subito al bar qui di fronte, e che è stata raggiunta dalla professoressa Depalo prima e dal professor Barba poi. Sappiamo anche che l'aula magna è stata preparata dai collaboratori scolastici e che all'una, quando hanno finito le pulizie, il foglio non c'era.»

«Lo sapete?»

«Lo sappiamo, ma sappiamo anche che i collaboratori scolastici non sono rimasti sempre piantati davanti all'aula magna a controllare che nessuno uscisse ed entrasse. La scuola è grande, lei m'insegna: ci sono almeno duemila persone in questo...»

«In questo ecomostro» conclude la Magnani.

«Quindi dall'una in poi chiunque poteva entrare e uscire dall'aula magna. I collaboratori scolastici dovevano pulire anche i bagni. Chiunque, con un po' di attenzione e cautela, avrebbe potuto infilare quel foglio sotto la tastiera del computer.»

«Quindi anch'io?»

«Chiunque avesse un motivo per odiare Colagrossi.»

«Almeno la metà del corpo docenti, perciò!» Margherita è esasperata.

«E perché non ce l'ha detto prima?»

«Perché non vi fidate di me, perché è evidente che non mi credete.»

Il poliziotto fa un sorriso beffardo.

«Professoressa, lei non ci ha detto nemmeno della conversazione tra Colagrossi, Depalo e Taranta a proposito di Tiziana Bucciarelli. Cosa dovrei pensare? Se non ci fosse stato Ferzetti, quel povero ragazzo impaurito, non lo avremmo mai saputo. Avremmo perso altro tempo, altre energie. Io faccio il mio lavoro, professoressa. Non sarei un buon poliziotto se credessi a chiunque. Non credo a lei come non credo a nessuno, almeno finché non scopriremo il colpevole. Niente di personale.»

La Magnani tace. L'investigatore ha ragione. Non le sembra nemmeno più così minaccioso. Inquietante sì, ma non minaccioso. Si è anche ricordato della tisana.

«Chi è che odiava Colagrossi? Me lo dica lei. Cosa sa che ancora non ci ha detto?»

«Io so che il vicepreside non era amato praticamente da nessuno dei colleghi. Solo che nemmeno uno di loro sarà disposto ad ammetterlo. Preferiscono buttare tutto addosso a me per non avere problemi.» Margherita parla a raffica, è amareggiata. «Posso andare?»

«Vada. Arrivederci.»

«Speriamo di no», e si chiude la porta alle spalle.

Nel corridoio incrocia l'infermiere e il barelliere del 112. Se ne stanno andando. Affretta il passo, gli arriva alle spalle e li sente dire: «Manco la pressione alta, c'ha. Sta mejo de noi, quella.»

«Con tutte le emergenze che ce stanno, leva' de mezzo un'ambulanza pe' 'sta cretina è 'no scandalo. È da denuncia.»

Li supera, esce dalla scuola. Le viene da ridere, ma non lo fa.

«Professoressa, aspetti!» si sente chiamare da Ferzetti il giorno dopo il collegio docenti, poco prima di entrare in Terza A, quando la collega di Scienze motorie è già arrivata sulla soglia della Quinta A.

«Ferzetti, va' in classe, c'è la professoressa Santamaria.»

«No, devo dirle una cosa importante.» La raggiunge, mentre Elena Santamaria lo guarda con occhi torvi.

La Magnani fa un gesto di scuse alla collega. «Te lo rimando subito.»

L'altra replica: «Tienitelo pure», fa spallucce e scompare dentro l'aula.

«Che c'è?»

«Ha presente *Profondo rosso*?»

«Ferzetti, ma mi ha fermato per parlarmi di cinema?»

«No. Mi ascolti. Ha presente quando il tizio... il protagonista...»

«Marc Daly.»

«Sì, il musicista. Ha presente quando rientra nella casa dov'è stata ammazzata la veggente, si guarda intorno e ha l'impressione che qualcosa sia cambiato, che ci sia qualcosa di diverso... che manchi qualcosa?»

«Sì, ho presente. E allora?»

«Si ricorda che ho sentito parlare Colagrossi, Taranta e Depalo di Tiziana Bucciarelli, in sala professori?»

«SÌ, FERZETTI, ME LO RICORDO. Me l'ha ricordato anche il commissario, ieri. E ALLORA?» La Magnani non capirà mai questa abitudine di Ferzetti di divagare: i suoi preamboli sono famosi e temutissimi. «VUOLE ANDARE AL PUNTO?»

«Il fatto è che anch'io ho la sensazione di non aver messo a fuoco qualcosa. È vero che la porta era socchiusa e non potevo vedere bene. Sentire sì, ma vedere non proprio. Però sono sicuro che mi stia sfuggendo un particolare, e non riesco a ricordarmi quale sia.»

La Magnani immagina Ferzetti nel corridoio della casa in cui si era appena consumato un omicidio: sangue ovunque, pezzi di vetro, la polizia, le domande. Le viene da ridere.

«Lei non mi crede?»

«Le credo, Ferzetti, le credo. Ma finché non le tornerà la memoria, non posso aiutarla. Adesso vada in classe e si ricordi di studiare Oscar Wilde perché domani interrogo.»

«Lei non mi prende sul serio.» Ferzetti la fissa, scuote la testa, sorride impietosito. «Se ne accorgerà. Si accorgerà di quanto si sbaglia», e si avvia verso la classe.

«IO MI SBAGLIO? MA DOVE? IN CHE SENSO? IO CHE LA DIFENDO SEMPRE?» gli grida dietro lei. Forse dovrebbe parlare a bassa voce, soprattutto adesso che per tutti è diventata la Sospettata.

Ma Ferzetti continua a camminare, senza girarsi. Alza una mano e le fa ciao, la schiena ostinatamente rivolta verso la Magnani.

Mentre inserisce la firma sul registro elettronico della Terza A, la Magnani nota che sull'account istituzionale della scuola è comparso un nuovo messaggio. La mittente è Costanza Arteni.

Prima di iniziare a spiegare *Amleto*, legge velocemente la mail.

Gentilissima Professoressa,

mi scuso per il disturbo e, forse, per il ritardo con cui Le scrivo queste parole. Sono la mamma di Mamadou Diagne. Avrei bisogno di parlare con Lei in merito alla questione del Pei, di Mamadou e del vicepreside Colagrossi. Se fosse così gentile da concedermi un'ora del Suo tempo, gliene sarei profondamente grata.
Cordiali saluti.

Costanza Arteni

La Magnani, con un poderoso esercizio di volontà, scaccia dai suoi pensieri Colagrossi, la signora Arteni, Ferzetti, la polizia, i colleghi. Possono aspettare. Tutto può aspettare, tutto deve aspettare se la priorità è Shakespeare. Se la priorità è l'umanità dolente, dilaniata, vendicativa, inutilmente violenta di *Amleto*.

Gentilissima signora Arteni,

ricevo i genitori proprio domani, dalle 11.00 alle 12.00. La aspetto in aula magna.
Cordiali saluti.

Margherita Magnani

Le secca dover tornare alla realtà poco dopo essere riemersa da Elsinore. Vorrebbe starci per sempre, vorrebbe parlare solo di Amleto, solo di Re Lear, solo di Macbeth. Invece deve parlare della vita reale.

Carissima Professoressa,

temo di non essermi spiegata bene, me ne rendo conto solo ora, rileggendo il mio messaggio. Ho bisogno di parlarLe, ma non a scuola. Non tra gli altri professori. Non è un colloquio quello che Le sto chiedendo, ma

un'ora del Suo tempo al di fuori del Suo ruolo istituzionale.
Le sarei profondamente riconoscente.

Costanza Arteni

La Magnani aveva capito benissimo, invece. Solo che ha tentato di risospingere nell'angolo delle formalità la signora Arteni. Una donna che, evidentemente, è parecchio più caparbia di lei. Ci vuole poco, del resto. Non le sono rimaste molte energie per sottrarsi all'assalto dei propri simili. Ormai è tornata a casa, e se dipendesse da lei si preparerebbe una tisana e si metterebbe a letto con *La donna che visse due volte*. E invece:

Gentile signora,

possiamo vederci domani pomeriggio, alle 15.00, al bar accanto alla palestra. Quello sul lato sinistro della scuola, dando le spalle all'ingresso principale. È ben nascosto, nessuna finestra dell'istituto dà sul locale. Avremo tutta la privacy di cui ha bisogno, o almeno lo spero. Mi faccia sapere.

Margherita Magnani

Mette in infusione la bustina di tisana curcuma e zenzero, e quando è pronta per essere versata nella tazza sente la vibrazione sul cellulare:

A domani, grazie.

Se non inizio a prendere psicofarmaci ora, non inizierò mai più, si dice Margherita. Il pensiero dell'incontro con la madre di Mamadou le toglie anche la voglia di mettersi a letto. Si siede alla scrivania, accanto alla finestra del salotto. Appoggia la tazza vicino al computer. È ancora vestita, non si è tolta nemmeno le Dr. Martens nuove, comprate da poco più di una settimana, e riprende la visione di *La donna che visse due volte*, il cui titolo originale è però *Vertigo*. Una donna che finge di essere quella che non è, e un uomo che vuole salvarla. Esattamente il contrario di *Io ti salverò*. Non ha intenzione di rivederlo, quello. E non perché ormai lo conosce a memoria. Li conosce *tutti* a memoria. Il fatto è che *Io ti salverò*, da un momento all'altro, ha cominciato a innervosirla. Un po' per la sindrome della crocerossina che travolge Ingrid Bergman, terapeuta studiosa e brillante, appena vede Gregory Peck, un po' perché il sogno con la scenografia di Dalí, l'interpretazione dei sogni, Freud, l'analisi basata sul linguaggio, la traslazione dei significati... insomma, tutto, tutto quel contesto, tutta quella storia, continuano a vorticarle nella mente senza sosta, e senza che lei riesca a trovare un collegamento tra il film e la realtà. Non ha ancora capito perché *Io ti salverò*, improvvisamente, la metta a disagio, ma è così, e Margherita ha imparato che è inutile opporre resistenza, ma soprattutto è dannoso provare a sfondare una porta chiusa. Nel frattempo, corregge le verifiche della Quarta A. Menomale che esiste Jonathan Swift. Chissà se Colagrossi sarebbe stato buono da cucinare, per sfamare i bambini poveri.

Il Bar Barossa, sotto i portici di fianco alla scuola, in genere non è frequentato da persone che possano riconoscerla. Né studenti, né insegnanti. Il Bar Barossa è il vero bar del quartiere: punkabbestia che fumano, disoccupati, anziani che giocano a tressette, donne che comprano il latte per i loro bambini perché lì costa meno che al supermercato, e perché il proprietario le ha viste nascere e le conosce bene. Il Bar Barossa non ha una grande varietà di offerta: caffè normale o macchiato, cappuccino, latte e tè – caldi o freddi. Sei gusti di gelato: cioccolato, crema, pistacchio, fragola, limone, nocciola. La panna è gratis. All'ora di pranzo qualche tramezzino: prosciutto cotto e formaggio, tonno e pomodori, tonno e carciofini. Per l'aperitivo niente spritz, niente gin tonic, niente Moscow Mule: niente cocktail, solo vino bianco o superalcolici. Le patatine sono gommose e le arachidi insipide.

Il proprietario ha la faccia di cuoio di chi potrebbe avere anche ottant'anni, e invece ne ha venti di meno. Una cucitura sulla guancia sinistra, dall'occhio alla bocca, gli tiene insieme il viso da quando aveva tredici anni. Sembra che rida, invece è sempre mortalmente burbero.

Quando vede la Magnani e Costanza Arteni sedersi a un tavolo all'interno del bar scocca verso di loro uno sguardo truce.

«Non è il massimo, lo so, ma il gelato è inarrivabile» le dice Margherita. «E qui non entrerà nessuno che ci conosca. Non era il caso di farla arrivare alla Garbatella, e per me, con i mezzi, sarebbe praticamente un corso di sopravvivenza raggiungere Guidonia.»

«Non si preoccupi, professoressa.» Costanza Arteni si siede come se stesse danzando, con la stessa eleganza e la stessa leggerezza di una ballerina. Ha i capelli rasati d'un biondo platino, occhiaie profonde e occhi molto grandi che si mangiano tutto il viso.

«Che ve porto?» Il proprietario arriva alle loro spalle quando ancora non si sono accomodate.

«Due gelati?»

«E che ne so io? A me lo chiede? Me lo dovete di' voi.»

«Due gelati. Io cioccolato, pistacchio e fragola, ma più cioccolato e pistacchio che fragola. Lei, signora?»

«Solo limone.»

Mentre il proprietario si allontana, la Magnani sussurra: «Scusi, è un po'... ruvido, ma non è cattivo.»

«Sono ruvida anch'io, professoressa.»

I gelati arrivano subito. La Magnani affonda il cucchiaino con l'acquolina in bocca. Se c'è una cosa che le procura una sorta di euforia e di giramento di testa sono i dolci, ogni varietà possibile e immaginabile di dolci. Le basta il loro profumo per andare su di giri. Il gelato è un *outsider*, lo sa bene: anche chi non ama particolarmente i dolci, ama il gelato. Tuttavia, il vero gelato è dolce, e l'umanità si divide tra chi preferisce il dolce e chi preferisce il salato. *Poveri cari, con le papille gustative così poco sviluppate, così remissive, così dozzinali.*

Costanza Arteni la osserva, le mani giunte in grembo, la coppa di gelato davanti a sé. Impassibile. «Le ho chiesto un appuntamento perché Mamadou mi ha detto che secondo lei di una persona morta non si deve parlare male. E invece io penso che gli stronzi vadano ricordati come tali, anche da morti. E Colagrossi era una merda maledetta.»

Soddisfatta da quella dichiarazione resa tutta d'un fiato, Costanza prende il cucchiaino, raccoglie una piccola montagna di gelato al limone e se la porta alla bocca, con un sorriso soddisfatto e lo sguardo tagliente.

«Ehm... sì, Mamadou ce l'ha dett—»

La Magnani viene interrotta senza riguardo.

«Quando sono andata a parlare con Colagrossi è venuto anche Mamadou, con me. E quello stronzo non l'ha mai guardato in faccia, non gli ha nemmeno rivolto la parola.»

La Magnani continua a mangiare il gelato, molto lentamente. Si sta dedicando prima alla fragola, dopodiché passerà al pistacchio. Lascia per ultimo il cioccolato. Il divino Zeus di tutti i dolci. L'alfa e l'omega. L'infinito. I dolci le snebbiano la mente, il gelato gliela tira a lucido. Il cioccolato gliela fa brillare.

Costanza Arteni fa una faccia feroce. Punta il dito contro la Magnani. «Guardi che Mamadou è figlio mio. Non importa se abbiamo la pelle di colori diversi. Lui è figlio mio.»

«Signora, nessuno lo mette in dubbio.» Margherita appoggia il cucchiaino e scruta la Arteni. Non capisce il motivo di tutta quella rabbia.

«Sa che cos'ha detto Colagrossi ai suoi colleghi a proposito di Mamadou?»

«No, non lo so.»

«Ah, non lo sa? Colagrossi a lei non l'ha detto? Non eravate tanto amici?»

«No, non parlavamo più come un tempo.»

Quell'affermazione pare disorientare la Arteni.

«Mamadou non le ha detto di come mi ha trattato Colagrossi davanti a tutta la classe, proprio a proposito del Pei?» prosegue Margherita.

«Mamadou è tornato a casa che ancora tremava, quel giorno. Non era in grado di parlare.»

«Colagrossi ha detto che io non ero una brava insegnante e che me ne fregavo dei più deboli come Mamadou. E l'ha detto davanti a tutta la classe.»

«Sì, forse è vero. Mamadou mi ha raccontato di quella scenata che Colagrossi le ha fatto in classe per il suo Pei.»

«Quindi?»

«L'insegnante di sostegno di Mamadou, il professor Lavorino: me l'ha detto lui.»

«COS...» Tossicchia, recupera il controllo. «Cosa?»

«Colagrossi una volta l'ha preso in disparte e gli ha detto che tanto i Pei, per gente come Mamadou, non servono a niente, che Mamadou doveva stare nelle classi differenziali, che gli insegnanti di sostegno non servono a niente con ragazzi come lui. E rideva. Rideva, capisce?

Lavorino era inc... Era... in... INDIGNATO. Non gliel'ha detto?»

«No.»

«Lavorino mi ha detto che ne ha parlato con qualche collega...»

«Magari con gli altri insegnanti di sostegno» suggerisce la Magnani.

Costanza Arteni tace. È come se si fosse sgonfiata, come se avesse esaurito la carica. Sta di nuovo con le mani giunte in grembo, fissa il gelato, che ormai si sta sciogliendo del tutto. «Comunque...» sospira. «Lavorino aveva quasi le lacrime agli occhi quando me l'ha detto. Mamadou, un giorno, è tornato a casa e mi ha detto che voleva morire. MORIRE, capisce? Un ragazzino che vuole morire per colpa di un professore. Ne ho parlato con Lavorino, ha faticato molto anche lui per restituire a Mamadou un po' di fiducia negli adulti. Mio figlio non voleva ascoltare nemmeno Lavorino, nemmeno il suo amico.»

«È... è una cosa orribile... Non ne sapevo niente...» balbetta Margherita.

L'altra si passa la mano sulla testa. «Mi devo scusare con lei.»

«Perché?»

«Ero venuta qui per... Ero piena di rabbia, dopo quello che mi ha raccontato Mamadou... Pensavo che lei fosse come Colagrossi, come gli altri che hanno riso di mio figlio... Ero venuta per minacciarla. Per minacciare tutti voi, tutto il consiglio di classe, uno per uno. Volevo guardarla negli occhi, farle paura. Mio marito è avvocato e...»

Margherita scoppia a ridere, suo malgrado. «Mi ci manca solo l'avvocato, signora. Lo sa che tutti pensano che sia stata io ad ammazzare Colagrossi?»

Costanza Arteni sbarra gli occhi. «Lei?»

«Eh, io.»

«Guardi, se l'avesse fatto le stringerei la mano.»

«Ma non l'ho fatto. Me la stringe lo stesso?»

La Arteni sorride: ha un'altra faccia adesso, rispetto alla ferocia che la sfigurava fino a mezz'ora prima. «Mamadou è un bravo ragazzo. È buono. Ha tanto bisogno di amici. Lui *vuole* studiare, davvero. Gli dia una mano.»

«Ma certo, signora. Gliela diamo tutti, una mano.»

Costanza Arteni si alza con uno scatto. «Offro io.» Va al bancone a pagare, poi torna dalla Magnani, ancora seduta e stupita da quel movimento repentino. «Non è vero che tutti gli date una mano. Arrivederci, professoressa. E grazie per il suo tempo. Ci vediamo presto.»

Margherita guarda il cioccolato sciogliersi, non riesce a finirlo. *Che spreco, che peccato. Che assurdità.* Abbassa la testa.

«Be'? Nun j'è piaciuto er gelato? Ha lasciato er cioccolato, ma com'è? Io nun ve capisco a voi, nun ve meritate niente. Andate a magna' er gelato in centro, andate. Tanto poi tornate tutti qui.»

Il proprietario porta via le due coppe e le volta le spalle. «Fanno tutti i professori, poi nun capiscono 'n cazzo.»

5

«Prof! Prof!»

Margherita si sente chiamare. È ancora sotto i portici, appena uscita dal Bar Barossa. Si gira pensando: e per fortuna che qui non avrebbe dovuto vedermi nessuno.

Poi però realizza che la Magnani è il soprannome che le hanno dato in Quinta A e si calma.

Sofia e Flavia la raggiungono, hanno una borsa sportiva appesa alla spalla.

«Che fate ancora in giro a quest'ora, voi due? Dovreste essere a casa a studiare Oscar Wilde.»

«See, vabbè» sbuffa Sofia. «Studiare. A me m'è bastata la lezione.»

Di rado Margherita Magnani ha conosciuto una ragazza più brillante di Sofia. *Nomen omen.* Non ha bisogno di studiare per imparare qualcosa: le basta ascoltare, leggere. Anche quando l'interrogazione si fa più difficile e scende in profondità, lei ne esce sempre bene. Ragionando, ricordando, vivendo di rendita. La Magnani spera ogni giorno che Sofia ne faccia qualcosa di questo talento, e che non si disperda in mille passioni. Sofia è un'irrequieta, e Margherita Magnani non sa ancora – o forse sì ma spera di sbagliarsi – che lo sarà per sempre.

«Stiamo andando a casa, non t'inacidire subito!» dice Flavia, con il suo solito sorriso. Quello di chi ha già visto tutto, sopportato tutto, capito tutto. Un sorriso calmo, che nasconde una rabbia potente.

«Lo sai che andiamo in palestra di pomeriggio. Meglio la palestra che stare a casa...» dice Sofia.

«... O per strada» conclude Flavia.

«Ma andate in quella palestra?» Margherita Magnani indica un'insegna luminosa e verticale: GYM.

«Eh sì!»

«Ammazza, nun te se po' nasconde' niente!» ride Sofia.

«Ah. Ma quindi...»

Sofia e Flavia si guardano. «Quindi?»

«Quindi andate in palestra con Barba.»

«Quello di Religione, intendi?»

«Sì, sì, QUELLO DI RELIGIONE!» Ma perché devono farle ripetere tutto tre volte, ultimamente? *Anche Sofia e Flavia sono state contagiate dalla sindrome di Ferzetti, santiddio.*

«Oh, non t'arrabbia'!»

«NON M'ARRABBIO. E ADESSO MI RISPONDETE, PER FAVORE?»

«Madonna, oh, oggi niente tisana curcuma e zenzero?» ridacchia Sofia.

«Comunque Barba non lo vediamo da un bel po'. Lavorino invece lo vediamo sempre: quando non sta a scuola, sta in palestra.»

«Lavorino? Non lo sapevo.»

«E mica puoi sape' tutto!» dice Sofia.

«Ma com'è fuori dalla scuola? È gentile e affettuoso come sembra? Lui e Mamadou vanno tanto d'accordo...»

Flavia fa spallucce. «Mmh, sì, sembra a posto.»

Non sentirà mai Flavia dire qualcosa di convintamente positivo su qualcuno. Flavia si aspetta sempre il peggio, da tutti. Se qualcuno è gentile, ai suoi occhi nasconde sempre qualche interesse, e quell'interesse, prima o poi, finirà per danneggiarla.

«Sì, sembra gentile, non parla molto.» A Sofia, invece, degli altri sostanzialmente frega pochissimo, ma le basta uno sguardo per inquadrarli.

«Lavorino in palestra...» mormora la Magnani.

«Be', c'ha un bel fisico. Non lo avevi notato?» le chiede Flavia.

«Eh, certo, certo» risponde la Magnani.

Non lo aveva notato, invece. E la ragione per la quale non lo aveva notato è che tutte le sue pulsioni erotico-sentimentali, ammesso che ne abbia ancora, a scuola si essiccano come i pomodori al sole. La scuola è più efficace e indolore della menopausa nell'addomesticare gli ormoni. No, non aveva notato il bel fisico di Lavorino: avrebbe preferito portare a spasso Satana al guinzaglio piuttosto che avere una storia con un collega.

«Senti, comunque io una possibilità a Barba gliela darei.» Sofia la butta lì.

«Possibilità?»

«Sì, dai, hai capito.»

«Ossignore...» Margherita Magnani sbuffa. «Adesso pure le prediche dai ragazzini. IO NON VOGLIO USCIRE CON BARBA. NON VOGLIO USCIRE CON NESSUNO.»

«E Madonna, mica te lo devi sposare! Ci esci a cena, prendi un aperitivo, ti ci fai un girett—»

«NON VOGLIO FARE GIRETTI, IO. HO UN'ETÀ!»

«Dico Barba per dire, eh. Ma pure una donna va bene: esci con una donna, mica dev'essere per forza un uomo, lo sai come la penso, secondo me tu sei una che tra le donne andrebbe via come il pane...»

«MA MAGARI! MAGARI MI PIACESSERO LE DONNE!» Alza la voce e fa una faccia esasperata.

«Giusto per tirarti fuori da casa, dico. La tua

vita è solo tu e noi, tu e la scuola, tu e Cristiana, tu e i film...»

«LA PIANTI?»

«Oddio, su, quanto sei suscettibile. È per il tuo bene!»

«Ti manda Depalo, Sofi'?» La Magnani è irritata. «Mi vuoi sistemare pure tu? Pensi che alla mia età una donna sola sia da considerare meno donna di quello che è?»

Sofia avvampa. «Io? Ma come fai a dire una cosa del genere? Non mi conosci? Proprio io che...»

Flavia le infila una mano sotto il braccio e la strattona. «E basta...» sussurra a Sofia. «Che cazzo...»

«E tu non mi conosci?» La Magnani abbassa la voce. Trema. «Vabbè, adesso vado a casa. Ci vediamo domani.»

Marcia verso la fermata dell'autobus, aspettandosi che Sofia la chiami per scusarsi. Almeno così potrebbe sfogarsi. Sofia però non la chiama, perché la conosce. Sofia sa. *Nomen omen.*

Il giorno dopo, giovedì 16 novembre, i primi a essere interrogati su Oscar Wilde sono Ferzetti, Sofia, Flavia e Bolivia. Vanno tutti bene: eccezionalmente bene Sofia, sufficientemente bene Bolivia, mentre Flavia e Ferzetti sono da otto. Stava per mettere cinque a Bolivia perché ha definito Wilde uno scrittore «inglese», ma poi si è trattenuta dal farlo.

«INGLESE? INGLESE WILDE?»

«È ancora incazzata» mormora Sofia a Flavia.

«Be', ha ragione» risponde Flavia, impassibile. «Come te ne sei uscita non lo so nemmeno io, guarda.»

«*Pvofessovessa*, scusi, è che studiamo *lettevatuva* inglese e mi sono confuso...»

Bolivia è giustamente mansueto.

«COME FAI A CONFONDERTI? Ve l'ho ripetuto mille volte: Wilde è irlandese, come Beckett, come Joyce, come TUTTI I PIÙ GRANDI!»

Silenzio.

«Vabbè, vai al tuo posto.»

Bolivia sbuffa.

Ci sono momenti in cui vorrebbe essere abbastanza ricca da non dover lavorare. Anzi, da non dover insegnare. Ci sono momenti in cui la scuola le sembra l'ambiente più tossico e malsano in cui possa trovarsi.

Sofia alza la mano.

«Che vuoi, tu?»

«Niente. Volevo chiederti scusa per ieri.»

Tutti i ragazzi e le ragazze spostano lo sguardo verso Sofia.

«Perché? Che è successo, ieri?» chiede Ferzetti.

«Ieri?» Mamadou balbetta.

Lavorino si mette un dito sulle labbra per fargli capire che deve stare in silenzio.

«Ieri? Che hai fatto ieri, Sofi'? Pressore', che ha fatto Sofia ieri? Forse stavo fuori a farmi una canna e me so' perso qualcosa?» Daniele, con la consueta sincerità, spiazza tutti.

«Niente, non è successo niente. Non in classe, comunque.»

«E dove?» insiste Ferzetti.

«Ci siamo incontrate per caso qui davanti alla palestra e... abbiamo avuto uno... scambio di vedute» dice la Magnani.

Alessandra si intestardisce. «Ma che ci avete, i segreti? E poi che faceva lei, ieri, davanti alla palestra?»

Con la coda dell'occhio, la professoressa vede Lavorino guardarsi intorno, fingendo indifferenza: gli manca solo di mettersi a fischiettare. Ma fingere è un talento, e a quanto pare lui ne è sprovvisto.

«Dovevo vedere una persona.»

L'onda di gridolini e di «Hai capito la Magnani?», «Mo' se chiama persona...», «La Magnani c'ha una tresca!» si spande in tutta la classe e le arriva dritta in faccia.

«AVETE ROTTO IL CAZZO.» Si alza di scatto. «Sofia, scuse accettate. Adesso spiegaglielo tu perché abbiamo discusso, ieri.»

Suona la campanella, la Magnani esce senza salutare, non saluta nemmeno Lavorino.

Si radunano tutti intorno a Sofia, anche Mamadou va a sentire cos'ha da raccontare la sua compagna di classe più bella, quella di cui è innamorato. Mamadou vorrebbe invitarla a giocare con lui alla PlayStation, ma sa già che Sofia rifiuterebbe. Lei esce con i ragazzi più grandi, con quelli tatuati. Sofia sta dicendo che ieri ha esagerato e che è stata stronza con la Magnani. Sta dicendo che le ha suggerito di uscire con qualcuno o con qualcuna e che lei l'ha presa male, si è sentita trattata come una vecchia zitella, come una donna di livello inferiore. Sofia non voleva offenderla, voleva solo che lei uscisse. Ferzetti interviene dicendo che tanto ormai per la Magnani è tardi, e poi se lei è contenta così bisogna farsi i cazzi propri. «Contenta così non lo so» dice Daniele, che però non vuole insistere sull'argomento, e aggiunge che se pensa ai suoi gli viene voglia di restare da solo per tutta la vita. Flavia annuisce e dice che Sofia è stata una cogliona e la Magnani fin troppo gentile, Alessandra dice a Flavia che quando si tratta di difendere la Magnani lei è sempre in prima fila quindi non fa testo, Sofia è incazzata, più con se stessa che con la Magnani, Bolivia, Tarek e Rabhil lì per lì non dicono niente, ma questa cosa che la Magnani sia single per loro non è normale, non sta bene, c'è qualcosa che non va e gli dispiace perché alla Magnani vogliono bene. Marco dice che ognuno è libero di fare quello che vuole e che la Magnani non è una bambina, quindi se non vuole avere storie fa bene a evitarle. Daniele dice che Sofia è stata una cogliona e che deve ricordare sempre che la Magnani è una professoressa, anche se è diversa dagli altri. Sofia dice a Daniele che il coglione è lui, che la Magnani non si approfitterebbe mai del suo ruolo per metterla in difficoltà e che se si è incazzata è proprio perché la tratta come una sua pari. Ferzetti dice che c'è solo una cosa che non capisce, ed è perché la Magnani, che abita dall'altra parte di Roma, ieri pomeriggio stava al Bar Barossa: se proprio doveva restare nei paraggi, dice anche Rabhil, allora perché non andare al Barnout?

«Perché aveva appuntamento con mia madre» dice Mamadou. «Tu lo sapevi, Bernardo?»

A quel punto nessuno dice più niente, nemmeno Lavorino, che senza parlare fa di no con la testa.

Casa-scuola-commissariato. Questa è la sua routine, ormai. Lei sì che sa folleggiare. Lei sì che sa darsi alla pazza gioia. Capisce all'improvviso come doveva sentirsi Fabris in *Compagni di scuola*: l'unico personaggio horror di un film solo apparentemente comico.

«Prego, professoressa, si accomodi.»

«S-salve.» La Magnani saluta con la mano, stira le labbra in un sorriso imbarazzato. «Credo di avere un paio di informazioni per voi...»

«A proposito di?»

«Di... Ma come, "a proposito di"! Di Colagrossi, no? Dell'omicidio! Secondo lei vengo qui perché non ho niente da fare oltre a passare i miei pomeriggi al commissariato di zona?» La Magnani si pente di averlo detto non appena si rende conto che ormai è troppo tardi. È ancora incazzata con Sofia, la più trasgressiva, la più rivoluzionaria delle sue studentesse.

Ciardulli sorride. «Professoressa, moderi i toni.»

Guarda tu se non mi becco una denuncia, adesso. Ci manca solo questo, pensa la Magnani.

«Ci dica.»

Margherita guarda sopra le spalle dell'investigatore e, come evocato dalle tenebre di quella stanza con più ombre che zone di luce, ecco staccarsi dalla parete buia il collega alto e segaligno che va a sedersi alla scrivania a sinistra di Ciardulli.

«Oddio, da dove comincio...»

«Si rilassi. Vuole qualcosa da bere?»

Il collega alla sua sinistra stavolta si sbraccia

per evitare l'ennesima tortura. Fa segno di no, disegna una croce con gli indici.

«Una tisana curcuma e zenzero.»

Ciardulli alza gli occhi al cielo, come se solo in quel momento ricordasse. «Donati, chiama il bar.» E poi, alla Magnani: «Allora, dica pure.»

«Lo sapete che Lavorino, l'insegnante di sostegno, ha raccontato a Costanza Arteni, la madre di Mamadou Diagne, della scenata che mi ha fatto Colagrossi in classe?»

«Sì, lo sappiamo.» Ciardulli sorride. «Lo sappiamo, professoressa.»

«Lo sapete?»

«Lei crede che noi stiamo qui ad aspettare le sue soffiate? O che lei ci racconti cos'ha detto Colagrossi su Tiziana Bucciarelli? Per fortuna i suoi ragazzi sono più saggi di lei.»

Me lo rinfaccerà per sempre, pensa la Magnani. Quella stanza è freddissima, o forse è lei a essere freddolosa. Forse perché non ha pranzato, ecco. Sì, dev'essere così. Tossicchia, a disagio. «Dunque, insomma...»

«Insomma?...»

«Volevo dirvi che Lavorino va ad allenarsi nella palestra vicina alla scuola... Le mie ragazze mi hanno detto che quando non sta in classe, sta lì, in palestra.»

L'investigatore annuisce. «E quindi?»

Improvvisamente la Magnani si perde, non

ricorda più il filo del suo ragionamento. Il barista entra senza che lei se ne accorga e le mette davanti una tazza di tisana fumante. Il profumo dello zenzero e della curcuma le fa riacquistare lucidità. «Ho parlato con Costanza Arteni.»

«Anche noi.»

«Il sangue su quel foglio... era di Colagrossi, vero?»

«Dio ci scampi dagli investigatori dilettanti» dice Ciardulli.

La Magnani resta folgorata. «*Il delitto perfetto*!» Sbarra gli occhi, sorride. «È una battuta del *Delitto perfetto*! Anche lei guarda...»

Ciardulli la osserva come se avesse appena avvistato un elefante in Alaska.

«No, eh?»

Margherita beve un altro sorso di tisana.

«Il suo Ferzetti ci ha raccontato molte cose.»

«Eh, lo so.»

«Quella storia di Tiziana Bucciarelli...»

«Sì, eh...» La Magnani è imbarazzata.

«Perché non ce l'ha detto? Non riesco a capirlo.»

«Mi crederebbe se le dicessi che non l'ho fatto perché volevo evitare che i ragazzi rimanessero coinvolti?»

La professoressa riprende in mano la tazza e beve l'ultimo sorso, poi si alza.

«Le credo» dice Ciardulli.

«Posso andare?»

«Professoressa, non è mica in arresto. Non è nemmeno indagata. E questo non era un interrogatorio, è stata lei a chiedere di parlare con me. Sta piantando le tende al commissariato, mi pare. Si chiarisca le idee e, quando avrà ben chiaro quello che vuole dirci, torni da noi.»

Margherita fa qualche passo verso la porta. Poi si gira. «Sa una cosa? Secondo me avete fatto bene a non prendere in considerazione la teoria di Ferzetti. Quella sulla mancanza di tatto, intendo.» Lo dice quasi tra sé, ma Ciardulli non può fare a meno di ascoltarla. «Ci stavo ripensando e...»

«Arrivederci, professoressa.»

«Quindi il sangue su quel foglio era di Colagrossi, vero?»

«Arrivederci, professoressa. A presto.»

Appena la Magnani esce, Donati si alza, spalanca la finestra alle spalle di Ciardulli e gli dice: «La prossima volta solo caffè o tè dalla macchinetta, capito?»

Certo che era di Colagrossi, il sangue sul foglio. Certo che non hanno trovato impronte. Certo che non è andata al commissariato per passare il tempo. Certo che è contenta di stare da sola. Certo che ci è andata per raccontare qualcosa, ma non ricorda più cosa. Un po' come Ferzetti: sente che le manca un pezzo. Poi però, mentre era lì, cercando di dimostrare a Ciardulli che lei non era l'unica ad avere un movente, le è venuto in mente che, per salvarsi, non poteva mettere in mezzo qualcun altro.

Sta malissimo. Si mette una mano sulla fronte.

Scotta.

Deglutisce per capire se ha mal di gola, e in effetti se la sente secca. Malgrado la tisana. Sta covando qualcosa, ne è certa. Sceglie il numero di Cristiana sulla rubrica del cellulare e la chiama per dirle che sta malissimo.

«C'è qualcosa che non va, la Magnani non sta bene» dice Tarek. «A parte il fatto che una donna della sua età senza un uomo, secondo me, non è norm—»

«E BASTA!» sbotta Flavia. «Ma la lasciate stare? Oh, ma qualcuno a voi viene a dire che non siete normali? EPPURE NON SIETE NORMALI!»

Rabhil ribatte: «Ma che c'entra, noi siamo masch—»

«Eh, infatti s'è visto!» Sofia li guarda dall'alto in basso. «Comunque, io avrò anche esagerato, ma Tarek ha ragione: la Magnani non sta bene.»

Sono le due meno un quarto e il QuickSlow doveva essere già chiuso da un quarto d'ora.

«Ahó, ve ne volete anna'?» tuona Seydou da dietro il bancone.

«E 'n attimo, cazzo! Co' tutti i soldi che te portamo ogni sera!» risponde Daniele, con una voce altrettanto profonda ma più rumorosa.

Seydou sbuffa. «Aspetto fino alle due poi chiamo i vigili. In campana, eh, che pure io c'ho diritto de dormi'!»

«È così» ribatte Ferzetti. «La professoressa non sta bene. Le ho detto che mi mancava un tassello, che non riuscivo a ricordare qualcosa di quel giorno in cui ho origliato la conversazione tra Colagrossi, Taranta e Depalo, e non ha battuto ciglio. Non è da lei.»

«Forse pure lei, finalmente, s'è rotta le palle de senti' le cazzate tue» interviene di nuovo Daniele.

«Basta, abbiamo dieci minuti. Organizziamoci per domani» dice Flavia. «Perché ci ha chiesto di Barba? Perché sembrava così stupita dalla nostra risposta?»

«Secondo me dovete parlare con Lavorino» dice Alessandra, tenendo il bicchiere di gin tonic con una mano e una sigaretta tra l'indice e il medio dell'altra.

«Ma quello nemmeno ci saluta quando stiamo in palestra!» sbuffa Sofia.

«Non mi dire che non sai attaccare discorso tu, amore...» Marco ridacchia. «E su, e dai.»

«Sì, ma che gli chiediamo?»

«Qualsiasi cosa!» dice Bolivia, e quella frase così apodittica gli riesce particolarmente bene perché non contiene nemmeno una erre.

«Sì, qualsiasi cosa: che ne pensava di Colagrossi, come sta Mamadou...»

«A proposito di Mamadou, Sofi', lì ci devi pensare tu, eh. Mamadou ti vuole bene, lo sappiamo tutti che ha un debole per te» le dice Alessandra. «Fatti spiegare perché la madre e la Magnani si sono viste al Bar Barossa.»

«Ma mica posso pensa' a tutto io, eh!» Sofia si gira verso Flavia. «Con Lavorino ci parli tu.»

«Eh? Io?» Flavia inorridisce.

«Tu.»

«Ma io non...»

«Sarà la volta buona che invece di stare zitta, osservare e fare i tuoi sorrisetti stronzi ti dai una mossa e apri bocca» sentenzia Sofia. «E poi sei più allenata di me, io so' flaccida. Bella, ma flaccida.»

«SO' LE DUE! SE NON VE N'ANNATE DA SOLI, VE CACCIO IO A CALCI IN—»

«Eh, ma come siamo permalosi!» Ferzetti si alza di scatto. «Ce ne andiamo, ce ne andiamo. Su, plebei, togliamo il disturbo, che Lord Byron, qua, deve andare a dormire.»

Il giorno dopo, la Quinta A è insolitamente composta.

Margherita Magnani si chiede cosa sia successo, perché i ragazzi non le siano corsi incontro come sempre, perché non abbiano stazionato attorno alla cattedra almeno dieci minuti con le loro richieste, prima di andare ai loro posti. Li trova tutti seduti e silenziosi. Oscar Wilde gli è piaciuto. Le interrogazioni sono andate abbastanza bene, nonostante le fragilità di molti. O il fatto che il pensiero fisso di tutti sia ancora l'omicidio di Colagrossi. Oggi vuole iniziare il Novecento. Quando comincia a parlare, in inglese, nessuno le chiede per l'ennesima volta: «A pressore', ma che deve parla' pe' forza in inglese?» Hanno tutti il quaderno davanti, tutti prendono appunti in inglese. La Magnani si chiede cosa stiano scrivendo, soprattutto chi l'inglese non lo capisce e non lo parla ancora, nonostante i suoi sforzi. Ma è un pensiero fugace, lo allontana e mantiene la concentrazione.

La professoressa non sa che la classe ha un piano d'azione e che quel giorno è come se stesse risparmiando le energie per qualcosa di più importante, qualcosa che non conosce. Nemmeno i ragazzi sanno a cosa stanno andando incontro. La professoressa non sa che Daniele, che conosce bene la malavita del quartiere – e non solo quella –, ha già provato a raccogliere informazioni sull'omicidio ma nessuno dei suoi contatti sapeva niente. Non c'entrano i delinquenti, gli spacciatori. Non c'entra la criminalità organizzata: è qualcosa di esterno, anzi, di *interno* alla scuola. Non che avessero mai avuto dubbi in proposito, ma in ogni caso meglio andare per esclusione.

La professoressa non sa che le sue ragazze e i suoi ragazzi sono così posati e calmi perché non devono disperdere le proprie energie, perché devono restare concentrati sull'obiettivo di quel giorno. Lei non ne sa niente. Quando finisce la sua ora, tutti la salutano educatamente, seduti dietro il banco. Non si alzano, non gridano, nessuno le corre dietro, neanche Ferzetti per ricordarle di quella sensazione strana, della tessera mancante. La professoressa non sa e non vede che, una volta uscita dall'aula della Quinta A, Sofia va verso Mamadou e gli chiede perché sua madre avesse appuntamento con la Magnani.

Mamadou è contento, Sofia è la sua preferita. Sofia gli vuole bene, lo vede. Sono molto simili, anche se lei è molto più bella di lui; anzi, di tutti. Mamadou le risponde che la madre voleva denunciarla, che pensava fosse d'accordo con Colagrossi, che Taranta le aveva detto che la Magnani era inaffidabile e che Lavorino le aveva detto che la Magnani non si sapeva imporre con Colagrossi. La madre di Mamadou pensava che la Magnani fosse come Colagrossi:

non dava mai una mano a chi ne aveva bisogno. Mamadou gliel'aveva detto che non era vero, ma lei non si era fidata, e voleva vedere la faccia della Magnani ora che il suo amico era morto ammazzato. Lavorino parla con la madre di Mamadou, ma non sempre le dice le cose come stanno; la madre però si fida più del professore che di lui. La professoressa non sa niente di tutto questo, perché non vuole parlare con Mamadou, non vuole turbarlo, non vuole coinvolgerlo, ma Mamadou è contento di poter dare una mano alla Magnani. «Grazie, Sofia» le dice.

Sofia gli fa una carezza e gli dice: «Grazie a te, Mami», e sotto il banco, prima che arrivi la Pacinotti, gli passa un panino alla Nutella. «Non avevo i soldi per comprarti il cornetto con la cioccolata, perché oggi tocca a me mettere benzina alla macchina, ma domani ricomincio. Però 'sta cosa che ti passo i cornetti sottobanco dall'inizio dell'anno non la devi raccontare nemmeno a Lavorino» si raccomanda, «sennò poi tua madre si arrabbia.»

Mamadou aggrotta le sopracciglia e le risponde che non ha mai detto niente a sua madre, che lui ha solo un ritardo cognitivo ma non è mica scemo.

Quando Flavia entra in palestra, il cuore le batte così forte che ha paura di svenire. *Ecco qui, una botta di pressione alta e ci siamo giocati Flavietta. Respira, pensa. Un bel respiro profondo, ossigeno al cervello. Ma che cazzo mi tocca fare per te, Ma'. A me. Proprio a me che meno parlo meglio sto. Forse dovrei prendere anch'io la tisana curcuma e zenzero.* Non può nemmeno mandare un messaggio alla Magnani per dirle che sta malissimo. Lei sa sempre come risponderle, lei riesce sempre a calmarla. Sentirle dire che sta bene, che non deve avere paura, che non è malata, la fa sentire meglio. Purtroppo, però, adesso deve calmarsi da sola.

Infila la borsa sportiva nell'armadietto e... Madonna santa, perché proprio io, continua a pensare mentre va verso il tapis roulant. Vede subito che ce n'è uno libero accanto a Lavorino.

«Salve» gli dice, seria.

Lavorino fa soltanto un cenno con la testa.

'Sta merda. Manco ciao.

Flavia è un fascio di muscoli. Ha cominciato con l'atletica da bambina, e da allora non l'ha mai lasciata. Avrebbe voluto specializzarsi nel triathlon, ma poi il divorzio dei genitori, l'indigenza della madre e il trasloco a casa della nonna hanno cancellato qualsiasi ambizione e cambiato le priorità.

Con la coda dell'occhio vede che Lavorino ogni tanto la guarda. Quell'uomo si allena, e fa bene, pensa Flavia. È così magro e poco tonico che lei teme possa cadere da un momento all'altro dal tapis roulant. Mangerà?, si chiede. Se suda, non si vede. Ma perché proprio io, perché? Che gli dico adesso? Come attacco discorso? Cazzo!

«Sei molto allenata, tu.» Lavorino le ha finalmente rivolto la parola.

Flavia inspira profondamente. Adesso sei mio, pensa. «Be', faccio atletica da quando avevo sei anni!» Guarda dritto davanti a sé e sorride con l'aria di chi la sa lunga.

«Giusto. Il corpo ricorda.»

Ma che cazzo vuol dire? «Eh...»

«È un bene.»

«Eh, sì.»

Dopo due minuti di corsa silenziosa, Flavia si fa coraggio. «Come si trova nella nostra scuola? È il suo primo anno qui, vero?»

«No, il secondo, ma il primo con Mamadou.»

«E come si trova? Noi siamo una bella classe, in fondo!» ride Flavia.

«Siete tutti molto carini con Mamadou.»

«Be', ci mancherebbe...»

«Non è così scontato. Magari per voi ragazzi sì...» Lavorino ansima, smette di parlare per continuare a correre.

«Oddio, non per tutti» risponde Flavia.

«Ecco, nemmeno per gli adulti.»

Un'altra pausa. A quell'ora in palestra sono

praticamente soli, e i tapis roulant sono posizionati uno accanto all'altro, lungo una parete.

Che palle, oh. Non riesce nemmeno a parlare.

«Pure tu sei stanca, allora!» Lavorino le sorride.

Flavia ricambia il sorriso senza rispondere. Che imbecille, pensa. «E quindi, scherzi a parte, come si trova?»

Lavorino fa spallucce. «Be', che ti devo dire? È il mio secondo anno in questa scuola e ammazzano il vicepreside.»

«In effetti... E prima dove insegnava?»

Lavorino preme il pulsante per fermare il tapis roulant. Prende l'asciugamano che ha appoggiato sul manubrio e si tampona il collo.

Flavia non vede nemmeno un rivolo di sudore. *Ma che è, un mutante? Che c'ha al posto del sangue, questo?*

«In una scuola da cui vengono alcuni professori che conosci anche tu.»

«Ah. Non solo lei...»

Lavorino si mette l'asciugamano attorno al collo. Le sorride. «No, no. Per esempio, Colagrossi era uno di noi. Lui se ne è andato prima di me.» Si china per prendere la sacca.

Anche Flavia ferma il tapis roulant e scende. «Ah.»

«Se avessi saputo che anche qui c'era una dirigente pazza, sarei rimasto là. Almeno mi sarei risparmiato Colagrossi.» Si mette la sacca in spalla. «Hanno festeggiato, nella mia vecchia scuola, quando hanno saputo che era morto.»

«Ah.»

«Hai finito anche tu?»

Flavia pensa che odia lasciare le cose a metà, e per un attimo è tentata di rispondere: no, finisco l'allenamento. Poi nella testa le esplode la voce di Sofia che, nella migliore delle ipotesi, le direbbe: «MA CHE CAZZO FAI, CRETINA, VAI CON LUI!», e quindi si affretta a rispondere: «Sì, sì, oggi torno a casa prima, devo studiare.» Lo segue. «Un attimo, un attimo, ho la borsa nell'armadietto!» Entra in fretta nello spogliatoio, apre lo sportello dell'armadietto, la recupera e gli corre dietro. Quell'ansia la fa sudare più del tapis roulant.

«Lei non la mette nell'armadietto, la borsa?»

«No, preferisco tenermela vicina, non mi fido degli armadietti.»

«Ah.»

Fuori dalla palestra ha cominciato a piovere. Cadono gocce fitte, di quelle che entrano nelle ossa.

Flavia si tira il cappuccio della felpa sui capelli. «Però...»

«Però cosa?»

«Però non mi ha risposto. Mica me l'ha detto come si trova in questa scuola...»

Lavorino la guarda, perplesso. «Be', ho qualche amico, qui. Ci sono molti lati positivi. Mamadou e gli altri ragazzi che seguo sono meravigliosi. E adesso che Colagrossi non c'è più sicuramente andrà anche meglio.»

Flavia gli rivolge un sorriso imbarazzato.

Lavorino le dà una pacca sulla spalla. «Ora devo proprio andare, sono con la moto e sta piovendo. A domani, ci vediamo in classe.» Corre verso lo scooter, il sellino già tutto bagnato.

Flavia sospira, sconfitta. A Sofia l'aveva detto che non era brava ad attaccare discorso. Non è riuscita a chiedergli niente, né della madre di Mamadou, né di Mamadou, né di Colagrossi.

Non troppo tempo prima, quella frustrazione l'avrebbe portata a dare pugni alle pareti, a spaccare finestre e specchi. Poi però, a un certo punto della sua vita, è arrivata la Magnani.

Avrebbe potuto fare qualcosa per aiutarla, oggi, e invece non c'è riuscita. Si sente male, malissimo.

Cristiana si è lasciata trascinare al Quattro Fontane solo perché Margherita stava malissimo. O almeno, così le ha detto lei.

«Sto malissimo. Ti prego, vieni al cinema con me. C'è una retrospettiva su Dario Argento. Stasera fanno prima *Suspiria* e poi *Profondo rosso*. Ti prego, ti prego, ti prego.»

«Ma a che ora?»
«*Suspiria* alle sei e mezza, troppo presto. Ma *Profondo rosso* lo danno alle nove. Dai, ti prego. Sto malissimo.»
«Marghe, lo sai che io gli horror non li reggo. Non riesco a guardarli, mi fanno paura...»
«Ma *Profondo rosso* non è un vero e proprio horror, è più un thriller con un po' di sangue! Dai, dai, ti prego...»
«Madonna, guarda, spero che tu trovi un uomo solo perché così 'sta tortura se la beccherà tutta lui.»
«Ci vediamo alle otto lì davanti, allora.»
«Un'ora prima? Ma perché un'ora prima?»
«Be', dobbiamo fare i biglietti, prendere i posti... Così stiamo tranquille.»
Cristiana scoppia a ridere. «Tranquilla? Una che mi dà un appuntamento con un'ora di anticipo, e che sicuramente arriverà mezz'ora prima di me, la definiresti tranquilla?»

Cristiana passa gran parte del tempo della proiezione con la testa bassa.
Quando muore Helga Ullmann, col collo trafitto dai vetri della finestra, Margherita raddrizza la schiena. Ha voluto rivedere *Profondo rosso* solo per la sequenza successiva. Marc Daly entra in casa per soccorrerla, percorre il corridoio, vede il viso dell'assassino ma lo scambia per un

quadro. Poi, quando torna in quella casa insieme alla polizia, il viso dell'omicida è scomparso, e lui ha la sensazione che manchi qualcosa, un quadro. Non sa di aver visto l'assassino, sa solo che in quel corridoio c'è qualcosa di diverso.

«Ferzetti ha visto l'assassino!» È talmente entusiasta quando lo sussurra all'orecchio di Cristiana, che la sua voce le sposta i capelli. «Ne sono sicura! Ferzetti ha visto chi ha ammazzato Colagrossi, o perlomeno qualcosa che potrebbe far risalire alla sua identità!»

«Ma che dici?» Cristiana sbarra gli occhi e solleva il capo. «E abbassa la voce!»

«Dico che Ferzetti ha visto l'assassino, ne sono sicura! Senti, usciamo, ti offro da bere e ti spiego tutto.»

Cristiana piega la testa all'indietro. «Io non le voglio sapere 'ste cose. MI FANNO PAURA, IO NON SONO COME TE.»

Flavia ha la faccia seria e severa. È sempre stata la più crudele giudice di se stessa, forse troppo esigente. Aspetta che al QuickSlow arrivino anche gli altri, perché lei è in anticipo. Lei è *sempre* in anticipo, purtroppo. Nonostante si sforzi di arrivare puntuale, il massimo che è riuscita a ottenere dalla sua ansia è stato ridurre l'anticipo a un quarto d'ora.

«Eh, Madonna, che è 'sta faccia?»

Daniele, Rabhil, Bolivia e Tarek si presentano tutti e quattro insieme. Sono andati a procurarsi l'erba dal loro spacciatore di fiducia e si stanno passando una canna. Li raggiungono anche Sofia, Marco e Alessandra. Si siedono fuori.

«Allora?»

«Manca quel rompicoglioni di Ferzetti.»

«E chissenefrega!» Daniele scoppia a ridere, seguito da Rabhil, Tarek e Bolivia.

Sofia chiama Ferzetti, che non risponde.

«Vabbè, oh, pazienza. Cominciamo.»

«EHI!» Dall'altra parte del marciapiede, qualcuno si sbraccia per segnalare la propria presenza. «ARRIVO! Ma che vi è preso, oggi? Da quando in qua siete puntuali?»

Flavia racconta la sua chiacchierata con Lavorino. Non omette niente, nemmeno i suoi «Ah». Gli amici devono sapere quanto è stata scarsa, devono essere coscienti che non possono contare su di lei.

«Io dicevo solo "Ah". Ha parlato lui, e neanche troppo.» Scuote la testa, sconsolata. «Qualche frase buttata lì. Ha semplicemente ammesso che anche lui detestava Colagrossi.»

Sofia la fissa con gli occhi sbarrati. Ha un'espressione incredula, e Flavia non capisce perché. O forse sì. Sofia non riesce a crederci.

«Ve l'avevo detto che non ero brava a fare queste cose. Non sono riuscita a chiedergli niente di niente di tutto quello che avevamo concordato.»

Sofia si volta lentamente verso gli altri. C'è chi sorride, chi fa spallucce, chi trattiene qualche imprecazione.

«Fla'...»

«Eh?»

«Fla'... Cioè, ma ti rendi conto?»

«Di cosa?»

«Lavorino ti ha detto che conosceva già Colagrossi... Ti rendi conto?»

«E quindi?»

«Oddio, Flavia! Ma ci fai o ci sei? Ti ha detto anche che c'è più di un professore, da noi, che ha lavorato con Colagrossi nell'altra scuola!»

«Ah.»

«Flavia. Ascoltami. Stammi a sentire.» Ferzetti la prende per le spalle e la volta verso di sé. «Lavorino è arrivato qui l'anno scorso. Conosceva Colagrossi da chissà quanto e lo odiava. Noi non lo sapevamo, per esempio. E secondo me sono in molti a non saperlo.»

Flavia comincia a intuire la portata di quell'informazione.

«Ti rendi conto, gentile fanciulla, di quanto sia importante? Io non sarei così avvilito, fossi in te.»

«Ma... ma non gli ho chiesto di Mamadou, di sua madre, di...»

Sofia alza gli occhi al cielo e sbuffa. «Fla', dovevi solo farlo parlare, e ci sei riuscita. Non dovevi mica seguire alla lettera le nostre domande, eh! Come si vede che sei della Vergine...»

«Eh, ha parlato quella dell'Acquario!» Flavia allunga il braccio verso di lei, con il palmo rivolto in su.

Alessandra si passa una mano tra i capelli ricci e le guarda con una smorfia di disgusto. «E loro sarebbero quelle razionali. Dio santo.»

6

«FERZETTI!» Margherita Magnani grida in corridoio, durante la ricreazione. È lunedì e la professoressa ha mandato un messaggio vocale a Ferzetti il sabato mattina, appena sveglia. Si aspettava che il ragazzo la richiamasse, che cogliesse la sua agitazione, invece Ferzetti si è limitato a rispondere: «Non si preoccupi, professoressa. Starò attento. Ne parliamo lunedì a scuola. Intanto grazie.» La Magnani si stupisce ancora una volta di come Francesco riesca a girare sempre in senso antiorario rispetto al mondo. «FERZETTI!» urla ancora la professoressa. Si girano tutti, i colleghi e i ragazzi. I colleghi la guardano torvi, i ragazzi ridono.

Corre dietro al suo incubo, alla sua croce, al suo karma, a Ferzetti.

«FERZETTI!» Mentre lui sta rientrando in classe, la professoressa lo agguanta per le spalle e lo trascina in una nicchia nella parete del corridoio.

«Che succede? Cos'è tutta questa violenza?»

«Lei ha visto l'assassino. O qualcosa che ha a che fare con l'assassino!»

«Quando?»

«Quando dice che manca qualcosa, che le sfugge qualcosa.»

«In che senso?»

«La conversazione tra Colagrossi, Taranta e Depalo.»

«Ah, sì.»

«Be', quello che le sfugge è fondamentale. Vada a raccontarlo alla polizia. E non ne parli con nessun altro.»

«I miei amici lo sanno già. E poi alla polizia l'ho già detto, ma non sapevo bene come spiegarmi e loro non mi hanno preso sul serio. Non hanno preso sul serio nemmeno la storia del tatto...» Fa una faccia disgustata, stringendosi nelle spalle.

«Ecco... magari sulla faccenda del tatto non hanno torto...» bofonchia la Magnani, guardando a terra.

«Come?»

«IO CREDO CHE LA QUESTIONE DEL TATTO NON C'ENTRI NIENTE.»

«E cos'è che c'entra allora, di grazia?»

Margherita sospira. «Poi ne parliamo, adesso entra in classe.»

Taranta, già dietro la cattedra, la fulmina

con lo sguardo. La Magnani gli fa ciao con la mano e dopo avergli scoccato un sorrisone si allontana.

«Non le hai detto di ieri sera, vero?» chiede Flavia.

«Per chi mi hai preso?» Ferzetti è risentito.

«Con te non si sa mai.»

«Flavia ha ragione.»

«Non le ho detto niente.»

«SILENZIO!» urla Taranta.

Flavia, Sofia e Ferzetti smettono subito di parlare.

«PIANTATELA DI CONFABULARE. Dovreste dedicarvi solo allo studio. Noi qui siamo i vostri medium tra la cultura e la vita, non siamo vostri amici.»

«Decisamente no, non sei amico mio» sussurra Flavia, rabbiosa.

Come ha fatto a non capirlo prima? Non c'entrava niente il tatto. C'entra però il significato simbolico di quelle mani tagliate.

È stato l'incontro con Costanza Arteni a capovolgere il suo punto di vista.

«Gliela diamo tutti, una mano» aveva detto lei.

«Non è vero che gli date tutti una mano» le aveva risposto la madre di Mamadou.

Colagrossi non ha dato una mano. E quindi l'assassino l'ha punito. Gliele ha tagliate, se le è portate via. Colagrossi non ha dato una mano, e ora le mani non le ha più.

È sicura, è sicurissima che sia quella l'interpretazione giusta. È un'epifania, una rivelazione.

Non esiste un movente al di fuori della scuola. L'assassino l'ha ucciso per quello che *non* faceva, per ciò che Colagrossi *non* era. E non smetterà. È stato chiarissimo: chi sarà il numero due?

La polizia non le crederà, Ciardulli non le crederà. Aspetterà ancora un po', prima di proporgli questa nuova teoria. Oggi non si sente tanto bene, le gira la testa. Quella mattina ha detto a Cristiana: «Ho una cervicale che sembrano due.»

«Dubito che se avessi due cervelli diresti meno cretinate» le ha risposto l'altra.

La Magnani sta per uscire dalla scuola e già trema al pensiero della furia vorace della metro B, quando, in fondo alle scale esterne, Marcello Barba le si para davanti, come se la stesse aspettando.

Se c'è una cosa che odia – una delle *tante* cose che odia, in verità – è quando la gente la guarda scendere le scale. La cervicale la fa sbandare, e non procede mai in linea retta. Inoltre, soffrendo di vertigini, deve reggersi al mancorrente perché fare le scale in discesa è una delle cose che la terrorizzano di più.

«Dio santo, ce le hai tutte tu, eh?» le diceva il suo pazientissimo ex marito. «Vieni, appoggiati qui», e le porgeva il braccio. Da quando aveva divorziato, ormai sette anni fa, le scale le scendeva da sola: che grande metafora della sua vita di autolesionista.

«Guarda guarda chi si vede!» Marcello Barba le fa un sorriso timido. Le guance gli coprono il bordo degli occhiali. «Non ci incrociamo mai, noi due!»

«Eh, l'orario...» dice Margherita, sforzandosi di scendere i gradini senza doversi reggere e, contemporaneamente, di sembrare una persona normale.

«Stai andando a casa?»

«Sì, per oggi ho finito.» Ho sceso senza darti il braccio almeno un milione di scale e anche stavolta non sono andata col culo per terra, pensa Margherita, parafrasando Montale a modo suo. Scusa, Eugenio, aggiunge poi dentro di sé.

«Ah, che bellezza. Anch'io ho finito! Andiamo a bere qualcosa?»

È troppo stanca per poter inventare una scusa plausibile, così le scappa detto: «Va bene, dai. Ma al Barnout!»

«Come vuole lei, *signorina*.»

Margherita si siede, e Federica arriva subito: «La solita tisana?»

«No, un gin tonic, grazie.»
«Ma sei a digiuno!»
Sì, ma devo sopportare questo rompicoglioni, pensa.
«Dai, ti porto qualcosa da mangiare... Professore, lei che prende?»
«Io... magari un prosecchino.»
Federica guarda Margherita. «Un prosecchino anche per te?»
«Ho detto gin tonic.»
Federica fa spallucce e sospira. Torna al bancone.
«Che caratterino, eh? Non me l'aspettavo.»
Guardandolo da vicino, la Magnani nota un filo di barba ispida e bianca. Gli guarda i capelli, sono corvini. Si tinge pure i capelli, non c'è fine alle disgrazie, pensa.
«E insomma...»
«Sì?»
«Come va?»
«Bene, bene, e tu?»
«Ah, io?»
«Sì, tu.» Come conversatore fa faville, proprio!, si dice Margherita. La prossima volta che qualcuno insiste perché esca con Barba lo disosso vivo. Barba: *nomen omen*.
«Be', sai... hanno ammazzato il vicepreside. Non so dirti come sto. È una scuola molto strana. Immagino dipenda anche dalla dirigenza.

Conosco pochissime persone, è il mio primo anno qui.»

Arrivano le bevande. Lui beve un sorso di prosecco, Margherita ne manda giù due di gin tonic, uno dietro l'altro, poi mangia una pizzetta.

«E dove stavi, prima?»

«Prima quando?»

«Prima di venire qui.» *Prima quando... Idiota.*

«Ah, be', stavo in un'altra scuola... In fondo mi dispiace averla lasciata, ma è meglio così. Questa è più vicina a casa mia. Poi nel periodo in cui insegnavo lì... Troppi brutti ricordi, ecco.»

«Perché?»

Marcello Barba si china sulla sua borsa sportiva, fruga tra gli indumenti e tira fuori un libro. Lo apre e lo mette sotto gli occhi di Margherita: AL MIO ZIO PREFERITO. COSIMO. «Mi aveva regalato questo romanzo, lo conosci?»

Il romanzo era *Le anime morte* di Gogol'.

«Certo che lo conosco.» Margherita sembra rasserenarsi. «Una scelta eccezionale... Io mi chiamo così perché mia madre era fissata con *Il Maestro e Margherita*, pensa!»

«E tuo padre era fissato con il neorealismo!»

Margherita resta a bocca aperta. «E tu che ne sai?»

«Be', ti chiami Magnani di cognome...» Fa un visetto contrito. «Capito la battuta? Magnani, neorealismo...»

«AH AH AH» scandisce Margherita, a bocca aperta. «Stupenda, davvero stupenda!»

«Credi davvero?»

«Certo!» E originalissima, anche!, pensa la Magnani, soffocando certi ingestibili istinti omicidi. «Ma dimmi, questo ragazzo brillantissimo che ti regala romanzi meravigliosi ora cosa fa? Sarà all'università, immagino. Lettere?»

A Marcello Barba, che sta bevendo l'ultimo sorso di prosecco, cade il sorriso nel bicchiere.

Margherita ha subito la sensazione di aver detto qualcosa di sbagliato. Anzi, qualcosa di gravissimo. *E certo, stai bevendo gin tonic a digiuno. Sei una deficiente.* «Ehi...» Allunga il braccio e appoggia la mano su quella di Barba. «Scusami, io non volevo...»

Marcello scuote la testa e si riappiccica il sorriso sulla faccia come se fosse riemerso da uno stato di trance. «No, no, non ti preoccupare, Margherita, non ti preoccupare. Non potevi saperlo.»

La Magnani tace. Ma non smette di guardarlo.

«Cosimo è morto, purtroppo. Era un bravo ragazzo, il mio orgoglio.»

«Lo credo...»

«Io non ho avuto figli, veramente non ho nemmeno mai avuto... Non mi sono mai sposato, ecco. Cosimo era tutto, per me. Mio fratello è morto quando lui aveva cinque anni, e io gli ho fatto da padre, quindi...»

Margherita chiude gli occhi. Non ha mai provato un senso di vergogna e di imbarazzo così assoluto. «Mi dispiace, Marcello. Mi dispiace tantissimo, scusami. Non volevo intristirti.»

Barba la guarda negli occhi. «Tu non potresti mai intristirmi. Ogni volta che passi tu, ogni volta che entri in una stanza, si accende la luce.»

La Magnani sorride a Marcello Barba.

«Tu sei una brava persona. Sei una persona generosa. Io lo so» le dice il collega di Religione.

Margherita finisce il gin tonic, vorrebbe scomparire. Così come il suo stomaco, e invece ecco qui, una bella fiammata di gastrite. E in borsa non ha né il gastroprotettore, né il Gaviscon. Ora il reflusso le provocherà la tosse, e la tosse un bell'attacco d'asma. Infila la mano nella tasca del piumino nero e va in cerca del Ventolin. C'è. Si sente già meglio.

«E... be', insomma... vai spesso in palestra, vero?» Margherita tenta di cambiare discorso.

«In palestra? Ah, sì, sì. Mi aiuta tantissimo a tenere i pensieri sotto controllo. Per fortuna è vicina alla scuola, e quindi vicina a casa. Tu? Vieni anche tu in palestra?»

Certo, come no. In palestra. Io. Con tutti quei germi. Il sudore, e poi il freddo. Gli sbalzi di temperatura. Certo che ci vengo, aspettami. Broncopolmonite assicurata. «Ah no, no. Abito troppo lontano.»

«Peccato...» Marcello Barba tira fuori dalla tasca un pacchetto di sigarette e ne accende una. «Vuoi?»

«No, grazie, ho le mie.»

«Quali fumi?»

Margherita gli mostra il pacchetto.

«Ma dai! Fumiamo le stesse sigarette! È destino!»

La Magnani sorride, calcificata sulla sedia. «Però ultimamente non ci sei andato, in palestra.»

Marcello Barba aggrotta la fronte. «In che senso?»

«Nel senso che non ti vedono da un po'.»

«Chi è che non mi vede da un po'?»

«In generale: non ti vedono da un po', in palestra.»

«Ah, nel senso che non ci vado da un po'.»

«E io che ho detto?» Avrebbe voluto essere più gentile, ma le persone ottuse le procurano lo stesso effetto che le procura chi mangia a bocca aperta: un'irritazione impetuosa.

La sigaretta di Barba è rimasta nel posacenere, lui ha fatto solo il primo tiro e poi se l'è dimenticata lì. È un fumatore molto particolare. O forse è lei a essere particolare, lei che non ne lascia a metà nemmeno una.

«Sono un po' distratto in questo periodo, si vede? È perché Cosimo è morto nel 2019, alla fine di ottobre. Questo è sempre un periodo molto duro, per me. Mi chiudo in me stesso e devo aspettare che passi, ma non è facile. Ottobre, novembre, il cimitero, e poi Natale...»

«Capisco.»

«Non passa mai.»

Margherita non risponde. Non trova le parole in nessuna lingua, viva o morta che sia.

Il giorno successivo, il 21 novembre, alla terza ora, mentre Taranta entra in classe, Sofia, Alessandra e Daniele stanno lavorando ai fianchi Flavia.

«Ti prego, ti prego, ti prego. Noi lo distraiamo e tu gli guardi nella borsa.»

«Dai, ti prego. Ti prego.»

«Ti preghiamo.»

«MA QUELLO LA BORSA LA METTE SEMPRE VICINO AL MURO!»

«E noi ci mettiamo d'accordo con Mamadou. Vedrai che troviamo il modo di staccarlo da quella sedia.»

Flavia scrolla le spalle e piega la testa in avanti.

«Ti prego» dice Daniele. «Ti offro una settimana di canne già rollate.»

«Ma sei cretino? Con le canne io ho smesso.»

«Vabbè, allora... ti offro una settimana di qualcosa. Che vuoi?»

«Che meni Ferzetti.»

«Ah, ma quello te lo faccio gratis!»

Scoppiano tutti a ridere. Taranta sta raccogliendo il libro e le verifiche scritte che ha riportato corrette. È indispettito dal fatto che i ragazzi non sembrino interessati ai voti.

«Che cos'avete da ridere?»

Silenzio.

«Fossi in voi non riderei affatto. Siete andati malissimo. Tutti. E quest'anno avrete l'esame di stato.»

«'Sticazzi...» sussurra Tarek dall'ultimo banco.

Taranta non lo sente. Cerca una verifica tra il fascio di fogli che ha già ripiegato. La trova. La tiene tra il pollice e l'indice e la sventola in aria. «Vi rendete conto che il voto più alto della classe è stato il sei e mezzo di Mamadou? E lui ha potuto usare i suoi schemi, il vocabolario, le sue mappe concettuali. Ma non vi vergognate di essere andati peggio di uno che ha il Pei e il sostegno?»

Mamadou guarda fisso Taranta. È passato dal sorriso alla tristezza più straziante in un battito di ciglia. Lavorino gli stringe il braccio, gli dà una pacca sulla spalla.

Taranta guarda Lavorino come se avesse davanti agli occhi un insetto. Lancia un'ultima occhiata torva alle pareti dell'aula ed esce, portandosi via le verifiche.

Mamadou scoppia in lacrime: il suo è un pianto silenzioso, inconsolabile.

«Si vede che era amico di Colagrossi» dice Rabhil a Bolivia.

Sofia corre da Mamadou e gli accarezza il viso; gli dice che non deve piangere, che è stato il più bravo di tutti.

«Non è vero.»

«È verissimo. Io di latino e italiano non ho mai capito niente. E nemmeno Taranta.»

Mamadou le fa un sorriso triste.

«Meglio che non lo dico a mamma, sennò...»

«Sennò?» chiede Sofia.

«Sennò poi lei lo dice a Lavorino e...» Scuote violentemente la testa. «Meglio di no.»

Di sera la scuola sembra calma e indifferente, ma è solo in attesa. Quando nelle aule non c'è nessuno, restano le voci della mattina. La scuola le sente, la scuola sa tutto.

La voce di Mamadou che parla con Sofia, la voce di Sofia che gli chiede aiuto, la voce di Lavorino che va in bagno e bestemmia per la rabbia, la voce della Depalo che urla se vede un ragazzo che va al distributore automatico per prendere una bottiglietta d'acqua, la voce della Pacinotti che parla con la Magnani, la voce di Barba che parla con la Magnani e le dice che è contento di conoscerla e di stare nel suo stesso consiglio di classe, la voce della dirigente che grida alla nuova vicepreside che i docenti non devono stare troppo seduti in sala professori e non devono usare i cellulari, le voci degli insegnanti che si salutano, che non si salutano, che sospettano, e poi la voce dell'assassino che pensa a voce alta, mentre guarda le mani di Colagrossi ancora coperte di sangue rappreso: «Gli innocenti muoiono ogni giorno.»

L'ultima ora è quella di Inglese, e la Magnani è destinata a darsi il cambio con Taranta. I ragazzi sono particolarmente distratti, e non solo perché è l'ultima ora. Margherita non se l'aspettava. Non le era più successo, da quando Colagrossi era stato ucciso, di vederli così svogliati, così poco coinvolti. La Magnani li conosce abbastanza bene per capire che c'è qualcosa di strano. Sofia è elettrica, sbuffa in continuazione, si butta indietro i capelli come fa quando è nervosa. Flavia ha gli occhi stretti in una fessura, tipici di quando vuole sembrare attenta e concentrata e invece sta pensando a tutt'altro. Ferzetti si sta guardando un brufolo nel piccolo specchio di Alessandra, che non gli sta dando il tormento perché lui glielo restituisca. Marco è seduto con la schiena dritta e lo sguardo fisso sulla parete alle spalle della Magnani. Daniele le chiede di uscire. La Magnani gli dice che può ma che deve tornare prima di subito, e lui alza gli occhi al cielo. Tarek, Rabhil e Bolivia si guardano intorno. Gli altri non capiscono, sussurrano, sono curiosi ma nessuno del gruppo li degna di una parola, stanno quasi tutti con il cellulare in mano.

«MA SIETE PAZZI?» urla la Magnani. «METTETE VIA QUEI TELEFONI SE VOLETE EVITARE LE PENE CORPORALI!»

La classe scoppia a ridere.

«E APRITE IL LIBRO. OGGI INTRODUCO VIRGINIA WOOLF.»

«Sì, ma mo' può pure parlare normale, eh. Fa più casino lei con 'sta voce che noi tutti insieme.»

Anche Mamadou ride.

«Ehi, Mami, come stai?» gli chiede la Magnani.

«Bene.» Mamadou ha detto la verità. Ma subito dopo aver risposto così gli è tornato in mente quello che è successo qualche minuto prima con Taranta, e allora gli è parso di mentire. «Cioè... insomma, così così.»

«Perché, che è successo?» Guarda Lavorino, che le fa segno di no con la testa. «Qualunque cosa sia, non ha importanza.» Gli strizza l'occhio. «Ora prendi il libro, Mami.»

Mamadou infila la mano nello zaino con un sorriso convinto. Se la Magnani dice la stessa cosa di Sofia, allora è proprio vero che non deve essere triste. E poi adesso deve stare attento, e concentrarsi. Sofia gli ha chiesto aiuto, e lui vuole essere bravissimo.

Tossisce.

«Tutto bene?» gli chiede Lavorino.

Tossisce ancora più forte.

«Mami? Stai male?»

Mamadou diventa paonazzo, i colpi di tosse gli impediscono di respirare. Diventano sempre più ravvicinati, sempre più potenti.

Lavorino si guarda intorno, terrorizzato. I ragazzi lo fissano. Lavorino scatta in piedi, grida: «Ma... è... Sapete per caso se è allergico a qualcosa? I genitori non mi hanno mai detto niente; credevo di no, gli avete dato qualcosa da mangiare?»

Scuotono tutti la testa.

«Professore, lo porti fuori, magari ha solo bisogno di un po' d'aria! Lo porti fuori, gli è già successo!» lo incalza Sofia.

Lavorino prende Mamadou per un braccio e tenta di trascinarlo fuori. Ma Mamadou è pesante, e si muove a fatica.

«Dai, Mami, dai. Un po' d'acqua? Andiamo in bagno? Scendiamo di sotto?»

Mamadou annuisce con forza, i colpi di tosse ora sono più leggeri.

Lavorino continua a tenerlo per il braccio e, lentamente, lo accompagna fuori dall'aula.

Appena Lavorino si chiude la porta alle spalle, Flavia scatta come un fulmine verso il banco di Mamadou e si china, allungando le mani sulla borsa sportiva di Lavorino. Apre la cerniera lampo e fruga freneticamente all'interno.

«FLA-VIA!» grida la Magnani.

«No, prof. No, la lasci fare, poi le spieghiamo tutto, giuro!» dice Sofia.

«Lasciala stare, pressore'!» Anche Daniele si unisce a Sofia.

La Magnani è impietrita. Sa che Flavia sta facendo qualcosa di sbagliato, ma non riesce a impedirglielo. Ora capisce perché le sembravano strani, perché *erano* strani. Avevano un piano. Ma perché? Perché Lavorino? E Mamadou? La tosse di Mamadou non era un caso, quindi...

«Cosa vedi? Che c'è dentro?»

Flavia tace e continua a frugare. «Ma niente... Vestiti... una tuta... la borraccia, il portafogli...»

«APRILO!» le dice Sofia. «SBRIGATI!»

A Flavia tremano le mani, e il portafogli le cade a terra; lo raccoglie, lo apre. La carta d'identità, cinquanta euro, la tessera sanitaria, la tessera dell'Atac, la patente... «PORCA TROIA, NON C'È NIENTE! ANZI NO, C'È UNA FOTO!» La passa a Sofia e ad Alessandra.

Ferzetti, Daniele, Tarek, Rabhil, Bolivia e Marco si avvicinano. Gli altri trattengono il respiro, completamente soggiogati.

«È una foto di classe» dice Sofia. La gira. Dietro qualcuno ha scritto a mano: ANNO SCOLASTICO 2017/2018. Ritrae Lavorino insieme a ventidue ragazzi, sopra qualcuno ha aggiunto: QUARTA A.

«Forse è l'altra scuola di cui mi ha parlato in palestra, quella da cui è scappato...» dice Flavia.

«DATELA A ME!» La Magnani, senza che i ragazzi potessero accorgersene, è arrivata davanti a Sofia e Flavia. Strappa di mano la foto a Sofia. La osserva. Ventidue ragazzi sorridenti e Lavorino alla loro destra. Un grande cortile, qualche macchina parcheggiata, un'aiuola verde. Sul lato sinistro della foto, un palazzo. Nell'inquadratura si vede solo la parte finale della scritta sulla targa che indica la via: TANA. «Adesso posso sapere che cosa state facendo?», e restituisce la foto a Flavia. «Rimetti tutto a posto prima che torni Lavorino.»

«Non ti preoccupare, Mamadou sa che deve stare fuori almeno un quarto d'ora» dice Sofia, facendole l'occhiolino.

«Vede cosa fa l'amore, cara professoressa?» chiosa Ferzetti, scoccando uno sguardo languido ad Alessandra. «E comunque, io non riesco ancora a ricordare cos'è che mi è sfuggito.»

«Il cervello, France'!» tuona Daniele.

Le pareti della classe tremano per le risate.

Mamadou torna in classe dopo un quarto d'ora preciso. Lavorino lo sostiene ancora ma è evidente che il ragazzo sta benissimo. Cammina spedito, non tossisce più, non si schiarisce nemmeno la voce.

«Ehi, Mami, come stai?» gli chiede Tarek.

«Benissimo! Sta benissimo! Ha smesso di tossire appena è uscito dalla classe, in effetti...» risponde Lavorino, perplesso. «Forse gli è andata di traverso la saliva... Be', comunque è passata, per fortuna.»

«Eh, sì» dice Sofia.

«Eh, sì» dice Flavia.

«EH, SÌ» dice la Magnani con voce tonante, fulminando quei nove disgraziati con uno sguardo che rilascia saette.

Bernardo Lavorino recupera la borsa sportiva e se la mette in spalla. «Corro in Seconda E, devo coprire un collega; è una cosa dell'ultimo momento, scusate!»

«Tranquillo, ci mancherebbe» dice la Magnani. «Figuriamoci se hanno convocato un altro insegnante...» Non sa se la sconvolge di più la carenza cronica di colleghi di sostegno o quello che è appena successo sotto i suoi occhi, nonostante la sua presenza. Nonostante *lei*.

Quando le spiegano di Lavorino, della palestra e di Flavia, la Magnani è sconcertata. Una preoccupazione retroattiva le stringe la gola: è il pensiero del rischio che hanno corso. Ma perché, poi? Hanno davvero corso un rischio?

Non lo sa, ma questa incertezza è già di per sé un rischio. Non sapere è *sempre* un rischio. Ferzetti che non ricorda qualcosa di fondamentale è in pericolo. Flavia che ha parlato con Lavorino è in pericolo. Sofia che ha ordito questa trama è in pericolo. Nessuno sa chi sia stato a uccidere Colagrossi, anche se tutti sospettano di lei: tutti, tranne i suoi ragazzi. Qual è la traduzione di questo testo incomprensibile? Non lo sa. Si sente impotente. È davvero troppo quello che si perde nella traduzione. La Magnani dice ai ragazzi di non azzardarsi mai più a fare una cosa del genere: oltre che essere illegale, è pericolosa. Hanno messo a rischio anche lei, perché era insieme a loro mentre Flavia violava la privacy di Bernardo Lavorino. Niente Virginia Woolf, niente stanza tutta per sé. Sofia, come al solito, le dice che è esagerata. Flavia, invece, è mortificata. Ferzetti è preoccupato perché Sibir è a casa da solo, e perché qualche giorno fa la Magnani l'ha messo in allarme dicendogli che lui sa chi sia l'assassino, anche se non se ne rende conto.

Ferzetti non si sente bene. «Professoressa, ho mal di testa.»

«Prendi qualcosa.»

«Credo sia grave. Io non ho mai mal di testa. Forse è un ictus, professoressa.»

Se lei fosse stata un maschio e più giovane di

tre decenni e passa, di sicuro sarebbe stata Ferzetti. «Non credo» gli dice.

«Sicura?»

«Sicurissima.»

«Sono pallido?»

«Non più del solito. E basta, su, stavo dicendo una cosa import—»

«Mi sento male. Secondo me è un ictus. Non avrebbe un—»

«Non ho niente.»

«Posso andare in bagno? Secondo me sto per morire, ho qualcosa di grave.»

«VAI IN BAGNO!»

Appena si chiude la porta alle spalle, Margherita si accascia sul divano. In genere la prima cosa che fa quando mette piede dentro casa è accendere il televisore e guardare uno dei suoi film. Quello sarebbe il periodo Dario Argento. O meglio, sarebbe il periodo Hitchcock, ma è incazzata sia con *Io ti salverò* sia con *Profondo rosso*, perché entrambe le storie le sbattono in faccia tutte le domande alle quali non è ancora riuscita a trovare una risposta.

Quindi, per la prima volta da anni, non accende il televisore e si lascia sprofondare nel silenzio. Nel cortile, fuori, risuonano le grida di bambini, il rumore degli operai che camminano sui ponteggi del palazzo di fronte, quello delle macchine su via Ignazio Persico. La casa, invece, galleggia in una quiete ovattata, protetta dalle finestre con i doppi vetri insonorizzati.

TANA. E DIES. A quanto pare è obbligata a giocare a Scarabeo.

Via di Lago Tana, a Roma: la prima che le è venuta in mente. Ma è impossibile. Non ci sono scuole, né sedi centrali, né succursali, in via di Lago Tana.

In via Nomentana ci sono solo scuole medie, ma i ragazzi della foto sono grandi, avranno diciassette, diciotto anni. C'è, però, una scuola paritaria in via Nomentana: «Scuola paritaria San Fiorino da Borno. Liceo linguistico. Liceo delle scienze umane. Liceo scientifico delle scienze applicate. Istituto tecnico informatico.»

Margherita va a prepararsi una tisana curcuma e zenzero.

Lavorino ha detto a Flavia che conosceva Colagrossi, anche se Giuliano era arrivato nella loro scuola nel settembre del 2019, tre anni prima di lui. Quindi Colagrossi probabilmente aveva insegnato in un istituto paritario. Era sempre stato molto nebuloso sul suo passato, sui suoi anni da precario dell'istruzione. Le aveva detto che aveva fatto altro nella vita, prima di scegliere di insegnare. Non aveva mai aggiunto granché riguardo alle scuole in cui aveva prestato servizio. Possibile? Possibile.

La sera dei consigli di classe, la sera in cui Colagrossi è stato ucciso, alle otto e cinque, al massimo alle otto e un quarto, i collaboratori scolastici e gli insegnanti, preside compresa, erano fuori dalla scuola. Ha visto con i suoi occhi la dirigente salire in macchina, il marito che l'aspettava al volante. Vero è che i docenti sono quasi duecento, e non può essere sicura che siano usciti proprio tutti.

Non aveva visto Colagrossi, in effetti. Ma non era inusuale che fosse l'ultimo ad andarsene: aveva le chiavi, faceva come gli pareva. L'assassino doveva essersi nascosto in un'aula, o magari nei bagni, o in biblioteca. È talmente grande e dispersiva, quella scuola, che chiunque sarebbe potuto restare dentro. Forse un collaboratore: i collaboratori conoscono la scuola meglio di chiunque altro. Ma no, non c'erano rapporti tra Colagrossi e i bidelli. E poi, le mani tagliate... *Non volevi dare una mano? Bene, caro Colagrossi, ora non solo me le dai tutte e due, ma te le taglio e me le porto via.* È qualcosa che ha a che fare con la scuola, con i colleghi, con la didattica.

E poi, il foglio con l'impronta insanguinata: chi può averlo messo in aula magna? Anche in questo caso, i collaboratori avevano più libertà di movimento, e di sicuro nessuno si sarebbe insospettito vedendo uno di loro entrare in aula magna poco prima del collegio docenti. Ma no, non sono stati loro, i collaboratori non c'entrano: la Magnani se lo ripete continuamente per scacciare quel pensiero, perché sa che la distrarrebbe dall'intuizione giusta.

Croci. Croci Depalo era rientrata a scuola prima dell'orario d'inizio; se n'era andata mentre bevevano al Barnout perché Barba le aveva risposto male. *Male, poi...* Le aveva detto le cose come stavano, ecco tutto. *Ma Croci è troppo stupida per aver ordito lei quella trama. Troppo volgare e ingenua per commettere un delitto così atroce.*

Costanza Arteni gliel'ha detto: credeva che lei fosse come Colagrossi. Mamadou, invece, ha detto che Lavorino parlava con sua madre ma che non sempre le diceva tutta la verità. Costanza Arteni parlava con Bernardo Lavorino. Lavorino conosceva Colagrossi. Lavorino ha detto a Flavia che se avesse saputo che oltre alla dirigente pazza c'era anche Colagrossi non avrebbe accettato l'incarico in quella scuola. Lavorino ha raccontato a Costanza Arteni che Colagrossi gli aveva parlato in termini offensivi di Mamadou. Lavorino non si separa mai dalla sua borsa sportiva. Lavorino parla anche con altri colleghi. Lavorino ha insegnato nella stessa scuola paritaria di Colagrossi insieme agli altri colleghi che poi ha ritrovato qui. *La borsa sportiva...*

Sarebbe interessante farla esaminare. Magari sulle fibre è rimasta qualche traccia di dna di Colagrossi, magari è nella borsa che Lavorino ha nascosto le mani e il foglio insanguinato e, ancora prima, tutto quello con cui ha ripulito il sangue dall'aula nella quale ha ammazzato Colagrossi. Forse dovrebbe parlarne con il commissario. Ma Bernardo Lavorino che c'entra con la scritta DIES?

Lei è stata la prima a essere sospettata, perché aveva un movente e insegnava Inglese.

Anche se – e il commissario Ciardulli sicuramente ci aveva già pensato – non serve una laurea in Lingue o un'abilitazione all'insegnamento per sapere che "muore" in inglese si dice "*dies*". Ripensandoci, però, un dubbio le era venuto, quasi subito, e non solo per la mancanza del soggetto, che, visto lo sbaffo, poteva anche essere stato cancellato. In realtà, una docente di Lingua inglese avrebbe scritto DEAD. Sì, ecco, "morto". Perché allora scrivere "muore"? Non ha molto senso, secondo lei. Per questo Margherita aveva escluso, senza dirlo a Ciardulli per evitare l'ennesimo sorrisetto beffardo, tutti i componenti del dipartimento di Lingue, quantomeno gli insegnanti d'Inglese.

Un uomo? Una donna? Un uomo e una donna? Due uomini? Due donne?

Le sta salendo un mal di testa malvagio. Lei

non ha mai mal di testa, forse è l'unico dolore fisico al quale non è abituata, e le novità la disorientano.

Smettila di pensarci, si dice.

Nemmeno le impronte hanno trovato, si dice.

E hanno preso le mie scarpe e quelle di Ferzetti, si dice.

Dai, basta, basta, ora Profondo rosso.

Ma quindi *Profondo rosso* anche se Ferzetti non ha ancora capito cos'è che gli sfugge?

Sì, *Profondo rosso* e poi anche *Io ti salverò*: magari a furia di rivederli qualcosa capirà.

Non conosco nessuno alla San Fiorino da Borno, vero?

Vero?

Vero.

Termina la visione di *Io ti salverò* con i nervi scoperti. Tutti quei significati tradotti in immagini, così come le parole stesse, e lei che non capisce qual è il motivo della sua irritabilità. Forse è proprio la traduzione. Forse c'è qualcosa di inafferrabile, in una lingua, che la traduzione prova a catturare e a domare. Forse è quella sfumatura inafferrabile a renderla così nervosa.

DIES.

Sibir.

Perché Ferzetti non l'ha chiamato Siberia? Che ne sa della lingua russa, lui?

Margherita prende il cellulare e digita un messaggio.

«Perché il tuo gatto non l'hai chiamato Siberia? Conosci il russo, per caso?»

Ferzetti le risponde dopo trentacinque secondi netti: «Studio il russo per conto mio, sono autodidatta. Amo quella lingua.»

«Ti piace più dell'inglese?» gli chiede Margherita, per alleggerire lo scambio.

«Professoressa, l'inglese è la più morta tra le lingue vive. E comunque non avrei mai chiamato il mio gatto Siberia.»

Anche Margot è diverso da Margherita, in fondo. La sua gatta non poteva chiamarsi Margherita, era Margot: due identità diverse, due creature diverse. Margot, la regina. La *reine* Margot.

«L'inglese è la più morta tra le lingue vive.»

Stava per mettersi a piangere al pensiero della sua vecchia gatta ciarliera, il suo alter ego, la compagna del suo viaggio più lungo e difficile – quello nell'età adulta –, ma poi ecco montare dentro di lei, nella parte più nascosta e scura della mente, un'ondata improvvisa di gratitudine per la spietatezza di Ferzetti. Un'altra epifania.

«La più morta tra le lingue vive.»

Le lingue morte.

Il latino e il greco.

Il latino.

DIES.

"Giorno."

Ma in che senso "giorno"? E perché in latino?

E se DIES, invece che una scritta in inglese, fosse davvero latino, che cosa ne penserebbero i professori Depalo e Taranta?

Margherita è soddisfatta, ma non troppo. Il latino la convince più dell'inglese, ma almeno "muore" aveva un senso, scritto sulla parete di un'aula in cui era stato ammazzato un uomo. Ora, invece, il problema è che quel "giorno" piazzato lì non significa niente, assolutamente niente.

7

«Davide? Ehi, Davide!» La Magnani intercetta Taranta nel corridoio durante la ricreazione. Ha passato la notte a guardare fuori, malgrado il freddo, sperando di vedere "la pazza": nonostante i doppi vetri isolanti, la donna che vaga per via Caffaro vestita di rosa ha urlato senza sosta sotto le sue finestre, rimanendo invisibile. Ha poca voce e le gambe molli tipiche del trentasei e nove, ma deve assolutamente parlare con Taranta.

Il professore di Italiano e Latino si gira, quasi incredulo. Non ha mai rivolto direttamente la parola alla Magnani da quando ha messo piede in quella scuola, persino ora che fa parte del suo stesso consiglio di classe.

Si ferma in mezzo al corridoio, davanti al distributore automatico di snack, bibite, acqua, cioccolata.

La fila di ragazzi in attesa di una merendina diventa un cordone di gente invalicabile.

La Magnani sgomita, si fa spazio, la testa sbuca accanto alla schiena di un ragazzo altissimo e immobile.

«Davide!»

«Sì?»

«Hai un attimo?»

«Ne ho mezzo» risponde Taranta, glaciale.

«Me lo farò bastare.» Lo prende per la manica della giacca, lo trascina verso l'uscita di sicurezza, spinge il maniglione e se lo piazza davanti, sul pianerottolo.

«Senti, tu conoscevi bene Colagrossi?»

«Che vuoi, Magnani?»

«Lo so che non ti piaccio, ma non me ne frega niente. Lo conoscevi bene?»

«Che tu non mi piaccia è un eufemismo. Non solo non mi piaci: non ti stimo. Mi fa ribrezzo il tuo modo di stare in classe, di conquistarti le simpatie dei ragazzi; mi ripugna, è la negazione dell'insegnamento.»

Margherita sente che il trentasei e nove si sta trasformando in un trentasette. Mentre guarda Taranta, fruga nella borsa e il sospetto si fa certezza: non ha con sé la Tachipirina. Quella mattina ha cambiato borsa e non ha recuperato la Tachipirina. Ecco, sta per svenire.

«Senti, Davide, non ti ho portato qui per parlare di metodologie didattiche, e sinceramente di quello che pensi tu non me ne freg—»

«AH, NON TE NE FREGA NIENTE? TU LI ROVINI GLI STUDENTI TRATTANDOLI COSÌ! LI ROVINI!»

Taranta urla. Margherita resta paralizzata da quell'esplosione di rabbia. Qualche ragazzo che staziona in corridoio si affaccia sul pianerottolo, dietro la porta aperta. Margherita, tra i tanti studenti che fingono indifferenza mentre passano davanti all'uscita di sicurezza, vede Tiziana Bucciarelli, vede Mamadou con Lavorino, vede Croci, vede di sfuggita Barba che sta correndo dall'altra parte della scuola, in perenne ritardo. Purtroppo non vede passare Cristiana: avrebbe così tanto bisogno di Cristiana, in quel momento. Purtroppo non vede nemmeno i suoi ragazzi di Quinta A, nessuno di loro. Le basterebbe anche solo poterli guardare.

«E POI SIAMO NOI A DOVER RACCOGLIERE I PEZZI!» Taranta continua a gridare. «AVEVA RAGIONE COLAGROSSI, AVEVA TUTTE LE RAGIONI! E INFATTI L'HAI AMMAZZATO!»

Improvvisamente il corridoio diventa un tunnel di silenzio ancestrale, il silenzio spaventoso che deve aver preceduto il Big Bang. Taranta è riuscito a sovrastare le voci degli studenti durante l'intervallo. Margherita scommette che sono rimasti tutti fermi, immobili. Non sente nemmeno un passo.

Taranta la guarda fisso, solleva un angolo della bocca. Le rivolge un sorriso torbido.

Che merda che sei, pensa la Magnani. Sei il padre di tutte le merde.

Già immagina che questo episodio arriverà alle orecchie del commissario, già immagina tutto quello che l'aspetta. Altre occhiate, altri sospetti.

Taranta le volta le spalle e sta per tornare in corridoio, ma lei lo prende per un braccio e lo costringe a girarsi.

«E se DIES non fosse inglese ma latino?» gli sussurra all'orecchio. Un po' perché non ha abbastanza voce per strillare, un po' perché lei non è Taranta, e detesta le piazzate.

Il collega si volta di scatto. La fissa di nuovo. Passa solo un istante prima che scoppi sonoramente a ridere, ma a Margherita non sfugge il disorientamento e lo spavento che ha accarezzato il suo viso. Adesso anche la Magnani sorride.

«E io le ho risposto che l'inglese è la più morta tra le lingue vive» dice Ferzetti, molto soddisfatto della sua sentenza.

«Non capisco. Perché se ne è uscita così alle dieci di sera?» si chiede Sofia.

«Ha qualcosa in mente, no?» dice Flavia.

«Hai vinto l'ambitissimo premio, Flavie'» commenta Daniele, il solito vocione accompagnato da un sorriso bonario.

«Quale?»

«Il premio Grazie Ar Cazzo.» Bofonchia una risata e torna al suo posto, al penultimo banco. È suonata la campanella, si è giocato gli ultimi minuti di ricreazione ascoltando il racconto di Ferzetti, e adesso non vede l'ora di fare due ore di Scienze motorie all'aperto per potersi nascondere da qualche parte a fumare una canna. Tarek e Rabhil, trafelati, tornano di corsa in classe, e prima che arrivi la professoressa Tarek si butta a sedere sul banco di Flavia, Sofia e Alessandra e chiama a raccolta tutti gli altri componenti del gruppo. «Ahó, sbrigateve, ve devo racconta' 'sta cosa, svelti! Ho visto adesso Tiziana di Quinta C. Daje, su, DANIELE, ALZA IL CULO!»

Ferzetti si sposta e sbuffa. «Ma perché sono finito tra questi trogloditi?»

«Mo' te lo spiego io, France'.» Rabhil gli si mette davanti, quasi naso contro naso. «Perché le canne te le fai pure te.»

Dopo il piacevole scambio con Taranta, la Magnani sente che il trentasette sta diventando un trentotto. Le corde vocali in fiamme, frammenti di stomaco che le schizzano ovunque: nel naso, nella bocca, nella gola. Le gambe che, pur continuando a reggerla, hanno già mandato il preavviso per le dimissioni. La testa gonfia come un bracciolo per nuotare. Non sa dove sedersi. Nella sala professori è escluso, non è un terreno accogliente. Ha un'ora libera e poi l'ultima a disposizione, durante la quale andrà a coprire l'assenza della collega di Storia dell'arte in Quinta B. Pure la supplenza, oggi, pensa Margherita. Per di più in una classe non mia, pensa te il casino che faranno mentre io sarò moribonda.

Fa uno sforzo titanico per scendere due piani di scale e arrivare fino al Barnout.

Appena uscita dalla scuola, si rende conto che il Barnout è chiuso.

Chiuso? Ma quando mai? Ma che è successo?

Attraversa la strada e va a leggere il cartello apposto sulla serranda. CHIUSO PER ADOZIONE GATTI.

Non sa se ridere o piangere. Federica glielaveva detto che sarebbe andata a prendere tre cuccioli abbandonati dal gattile.

Si guarda intorno, come se non sapesse che il Barnout è l'unico bar su quella strada.

A meno che...

Eh, a meno che.

Sperando nella collaborazione delle gambe.

Quando entra al Bar Barossa il proprietario, dietro il bancone, l'accoglie con uno sguardo torvo.

Margherita si lascia cadere su una sedia. Il bar, all'interno, è vuoto. All'esterno c'è un gruppo di anziani che gioca a tressette.

«Buongiorno.» Un saluto che significa: che vuole questa, adesso?

«Buongiorno. Mi porterebbe una tisana curcuma e zenzero, per favore?»

Il proprietario fa una smorfia. «Qui c'abbiamo solo tè e camomilla.»

«Allora tè verde, grazie.»

«Ho detto tè.»

Margherita deglutisce, le pareti della gola sono ispide come uno zerbino. «Vada per il tè.»

Silenzio. La Magnani prende il cellulare e scrive a Cristiana di raggiungerla, se può.

Il proprietario, la cintura stretta sotto la pancia prominente, caracolla verso il suo tavolo. Mentre le appoggia il vassoio davanti, lei gli chiede: «Non è che avrebbe un termometro, per caso?»

L'uomo la guarda come se fosse un insetto. «Un che?»

«Un termometro. Non mi sento bene.»

«Nun se sente bene e viene qui?»

Le volta le spalle e, improvvisamente sveglio e rapido, torna al bancone. Fruga in un cassetto, con una mano prende qualcosa, con l'altra si mette la mascherina. Raggiunge di nuovo Margherita, le porge il termometro con il braccio teso, girando la testa dall'altra parte per non trovarsi faccia a faccia con lei.

«Se sbrighi, e poi me dica se c'ha la febbre.»

La Magnani infila il termometro a mercurio sotto l'ascella, inebetita dallo stupore, quasi incredula per quel colpo di fortuna.

Il proprietario dai modi spicci è di nuovo dietro il bancone, con la mascherina. La fissa. «Allora?»

Margherita si sfila il termometro e legge la temperatura: trentasei e nove. «Ma funziona?»

«Funziona benissimo. È mio. Se andasse male l'avrei già buttato ar secchio.»

«Allora trentasei e nove.»

«Mmh.»

«Senta, visto che è tanto gentile, non è che avrebbe anche una Tachipirina?»

Il proprietario apre di nuovo il cassetto e le porta una compressa.

«Però ce deve magna', prima. Che je porto?»

Forse Margherita si sbaglia, ma le pare di aver notato uno sguardo familiare, in quell'uomo. Lo sguardo di chi riconosce un proprio simile.

«Mah, che mi consiglia?»

«Je porto 'na fetta de crostata. Nun je consiglio i cornetti che co' la Tachipirina je fanno mappazza nello stomaco.»

Sì, è un suo simile.

«Mi fido» dice lei, stranamente rassicurata.

«Secondo me fa bene a prendere la Tachipirina, pure se trentasei e nove nun è febbre, eh. Ma almeno je dà 'na bella botta preventiva» commenta il proprietario tagliando una fetta di crostata. «Poi sarà che io, quando c'ho trentasei e nove, sto peggio de quanno c'ho trentotto» borbotta.

«Eh, a chi lo dice!» sospira Margherita.

«Eh, me sa che ho capito che tipo è lei. COMUNQUE IO ME CHIAMO PIERO. PIACERE.»

«IO SONO MARGHERITA.»

Si fanno un cenno col capo ma non si stringono la mano perché il contagio passa anche dai contatti ravvicinati e loro due lo sanno bene.

La Magnani mangia un pezzetto di crostata alle visciole, per la precisione il bordo. Va pazza per il bordo. Per quanto la riguarda, le crostate potrebbero anche farle senza marmellata, senza ricotta, senza cioccolata, senza niente. Solo il bordo e le strisce. Beve un sorso di tè, tira fuori una compressa di Tachipirina dal blister e la manda giù con un altro sorso di tè. Il tè è nero e buonissimo, e le pare che le arrivi anche alle punte delle dita e dei piedi, riscaldandola.

«Questa crostata è pazzesca!»

«Te piace?» Il proprietario passa subito dal lei al tu. «La faccio io. Ma nun la trovi tutti i giorni, sto sempre acciaccato», e si siede al tavolo con Margherita.

«Eh, a chi lo dice!»

«Me faccio le analisi e va tutto bene. Il dottore me dice che nun c'ho niente, che la devo smette' de rompe' li co... le scatole, ma io me sento acciaccato.»

Margherita annuisce con un'aria grave.

«Nun me crede nessuno...»

«A chi lo dice...» replica la Magnani, sconsolata.

«... Ma io sto male.»

«Eh, a chi lo dice.»

L'uomo la soppesa con lo sguardo. «Come te senti?»

«Mah, così. Devo dare tempo alla Tachipirina di fare effetto.»

«Vabbè, stattene seduta qua 'na mezz'oretta, tanto a me nun me dai fastidio.» Si alza perché gli squilla il cellulare. «Mo' torno» dice.

Margherita sente tuonare alle proprie spalle una serie di parolacce in romanesco, dopo le quali l'uomo chiude la chiamata con un «Te vojo bene pure io».

Il proprietario torna da lei, e si siede al tavolo. «Era mi' moje.» Comincia a osservarla con la fronte aggrottata.

Margherita lo guarda, leggermente intimidita.

«Te sei una de quelli?» Con il pollice indica dietro di sé.

«Di quelli chi?»

«Dei professoroni. Quelli de scuola.»

«Ah. Sì, sono una "di quelli". Cioè, insomma. Non proprio.»

«Non proprio che? Insegni o no?»

«Sì, sì, insegno.»

«E che insegni?»

«Inglese.»

Il proprietario scoppia a ridere. «Capirai, io manco so l'italiano.»

«È la stessa cosa che dicono i miei studenti» commenta Margherita.

«Voi professoroni nun ve degnate de veni' qua, andate tutti al bar caruccio.» Sembra ironico, ma Margherita coglie una sfumatura di amarezza. «Solo quel ragazzo, quello col vocione... Dai, possibile che nun lo conosci? 'O spacciatore, Daniele, viene sempre qua. Magari nun prende niente, ma me saluta tutti i giorni. L'ho visto cresce', abita al portone qui vicino. Porello...» Piero si è improvvisamente immalinconito. Scuote la testa. «Mica l'ha chiesto lui de nasce'...»

La Magnani non riesce a rispondere.

«Comunque i professoroni me snobbano, a me. Tutti, tranne quattro poracci che continuano a veni' qua.»

«Davvero?» Margherita si riscuote dal silenzio. La Tachipirina sta funzionando, si sente più in forze. Si sente lucida.

«Sì, quattro poracci che stanno sempre là...»

Indica un tavolino all'angolo della sala. «Parlano sempre de scuola, la donna è 'na mitraglia, non s'azzitta mai, mai, mai. Io me chiedo come fanno a sopportarla. Uno dei maschi c'ha 'na faccia acida che lo pijerei a sganassoni ogni volta che lo vedo. Me sa che gli altri due vanno prima in palestra e poi vengono qua. Stanno tutto il tempo co' 'sti borsoni appiccicati ar cu... Attaccati alle gambe.»

Margherita sbarra gli occhi. «Borse da allenamento? Uno dei due ha gli occhiali ed è un po'... paffuto?»

«Sì, che quando ride nun je se vedono l'occhi.»

«L'altro sa chi è, per caso?»

L'uomo fa spallucce. «Ma che ne so, mica li conosco. E manco li vojo conosce'.»

«È un tipo con un bel fisico? Allenato, muscoloso?»

«Aridaje. E io che ne so? Stanno tutti cor piumino o cor cappotto. Ma poi te pare che me metto a guarda' i clienti, io?» L'uomo si acciglia. «Perché me lo stai a chiede'? È perché da voi hanno fatto fòri quel tizio, vero?»

«Be'... sì.»

«Un paio de vorte ce stava pure quello morto ammazzato.»

«Ma sei sicuro, Piero?» Margherita tossisce. Oddio, la bronchite no, la bronchite no!, pensa.

«Sì, so' sicuro. Ma a te che te frega, scusa. Sei

’na poliziotta? No. Sei ’na professoressa. Falle fa’ alla polizia le indagini, no?»

La Magnani sospira. «È che tutti sospettano di me.» Non sa nemmeno lei perché sta raccontando certe cose a un estraneo.

L’uomo sgrana gli occhi. Tira indietro il collo come a volerla guardare meglio. «De te?»

«Di me.»

La risata che gli esce di bocca rimbomba nel bar vuoto mentre butta indietro la testa. «Questa sì che è bona. De te! Ma se nun te reggi in piedi! Te che ammazzi quarcuno!»

Margherita lo osserva e non sa se prendere quella reazione come un complimento.

«Ma chi è che sospetta de te, scusa?»

«Mah, un po’ tutti: la polizia, i colleghi...»

L’uomo ride di nuovo. «I colleghi, i professoroni. Come se vede che nun sanno distingue’ la testa dar cu... Dal...»

«Sì, sì, ho capito. Grazie per la solidarietà.» Sorride all’uomo.

«Te c’hai troppo da fa’ a fatte del male da sola, nun c’hai tempo pe’ ammazza’ l’altri. Ma che ne sanno questi!»

Margherita avverte un improvviso moto di gratitudine nei confronti di quello sconosciuto, apparentemente burbero, apparentemente respingente. Non vuole piangere perché sennò le torna il mal di testa. «Senti...»

«Che c'è?»
«Me lo faresti un favore?»
«Sì, ma nun t'allarga'.»
«Quando tornano quei quattro... butta un orecchio, ti prego.»
«E poi?»
«E poi mi racconti cosa si sono detti.»
La Magnani non ha capito, non si rende conto di quello che ha appena chiesto a una persona di cui fino a mezz'ora fa non conosceva nemmeno il nome e che, al loro primo incontro, era stato maleducato e rozzo.
«E perché te lo dovrei racconta'?»
«Perché sei come me, Piero. Pure te passi un sacco de tempo a fatte der male da solo. C'ho preso?»
Si guardano per dieci secondi. Sembra il gioco che Margherita faceva da bambina con gli amici: fissarsi e vedere chi rideva per primo.
Poi lei scoppia a ridere. Ha perso un'altra volta.
«Come te senti?» le chiede Piero.
«Meglio. Grazie. Grazie a te.» Gli sorride. «La prima volta che sono entrata qui con la madre di... con una signora, pensavo di starti antipatica. Invece, in fondo sei gentile.»
«Eh, che je farò io alle donne...» Piero alza gli occhi al cielo e Margherita ride di nuovo. «Vabbè, senti, passa domani o dopodomani. Anzi, tiè:

te do il numero del bar.» Va al bancone e lo scrive su un post-it giallo con una macchia d'unto, tonda, nel mezzo. «Comunque io, fossi in te, le indagini le farei fa' alla polizia. Guarda che i poliziotti so' bravi. Fidate de me. A te nun te ce vedo, sei troppo... sei poco... Insomma, lascia perde'.»

Taranta entra in Quinta A alla penultima ora di lezione. È teso, ha gli occhi fuori dalle orbite.

Si rivolge a Lavorino, seduto accanto a Mamadou. «La vuoi sapere l'ultima di quella squinternata? La vuoi sapere? Ebbene, ha osato spingermi sul ballatoio per dirmi che secondo lei DIES non è inglese ma... attenzione, eh, ascolta bene dove arriva la *hybris* della Magnani... Non è inglese ma LATINO. DIES. Scritto sulla parete di un'aula dove è morto un uomo. LATINO. Lavorino, ma tu ci parli con quell'idiota? Be', dille che non si permetta mai più di affrontarmi per darmi dell'assassino. Perché è ovvio che il sottotesto era quello: tu sei un assassino, tu insegni Latino quindi sei un assassino. Tu ci parli con quella miracolata? Vedi di parlarci tu, perché la prossima volta io vado a denunciarla per diffamazione.»

Ferzetti si volta di scatto verso Sofia e Flavia. Alessandra e Marco si voltano di scatto verso Ferzetti. Tarek, Bolivia, Rabhil e Daniele si voltano di scatto verso Ferzetti.

Ferzetti ha un'aria tronfia. Parla a bassa voce, piegandosi di lato, nella speranza che Sofia e Flavia stiano ascoltando: «L'inglese è la più morta tra le lingue vive.»

Lavorino guarda Ferzetti, poi Taranta. «Io con la Magnani non ho confidenza, collega. Se hai qualcosa da dirle, fallo tu.» Pronuncia quella frase quasi incespicando tra una parola e l'altra, dopodiché passa un braccio attorno alle spalle di Mamadou e gli sussurra: «Allora, sei preparato in Latino? Ti ricordi quello che ti ho spiegato ieri?»

Taranta sbatte la borsa sulla cattedra; gli esce una voce stridula, quasi femminile: «E secondo te non l'ho fatto? Vorrà dire che mi regolerò da solo, allora.»

Dopo l'ultima ora di supplenza, una tortura che non meritava considerando che ha le energie di un'ameba, Margherita arriva alla fermata della metro B solo grazie all'onda lunga della Tachipirina. Prega dentro di sé che ci sia un posto a sedere, perché stare in piedi da Rebibbia a Garbatella metterebbe a rischio la sua resistenza. La puzza di pecora bagnata dei vagoni della vecchia metropolitana rischierebbe di farla vomitare, quindi prega anche che arrivi un treno nuovo.

E invece arriva un treno vecchio. C'è un posto libero in mezzo ai tre già occupati. Le scappa la pipì. *Oddio, il tè, è colpa del tè.* Cristiana non le ha risposto, il messaggio ha solo una spunta grigia. Forse lo tiene spento. Prega che la sua vescica resista per mezz'ora. Trattiene il respiro perché la puzza di pecora bagnata, su quel vagone, è nauseante. Davanti a lei è seduto un uomo che, malgrado sia novembre, ha i pantaloni calati sui fianchi, la canottiera sotto un giubbotto di pelle con le borchie, gli orecchini, una pancia impossibile da contenere che spunta tra la canottiera e il primo bottone dei jeans, gli occhiali, le infradito, le unghie dei piedi lunghe, i peli che schizzano fuori da ogni orifizio. La fissa impudicamente facendole l'occhiolino per tutto il tragitto, fino a Garbatella.

Ecco chi rimorchio io, si dice Margherita, con il pensiero fisso della pipì. Anche il letto può aspettare. Anche la probabilità che Lavorino e Barba si conoscano da tempo può aspettare. Anche la probabilità che Lavorino e Barba fossero amici di Taranta e Depalo può aspettare. Anche la possibilità che tutti loro fossero amici di Colagrossi può aspettare. Tutto può aspettare, perché ora sta per infilare la chiave nella serratura e deve correre, correre, correre, ha i sudori freddi e deve correre.

Sono le cinque del pomeriggio e Margherita è sotto il piumone. Ha di nuovo i brividi, deve aspettare almeno fino alle nove di sera per prendere un'altra Tachipirina. Sta per addormentarsi davanti alla televisione accesa su un episodio di *Colombo* quando le arriva un messaggio di Cristiana: l'amica si scusa, ma aveva il cellulare scarico. Le risponderà più tardi, o domani.

Chiude gli occhi, cullata da Peter Falk che dice all'assassino: «Di golf non me ne intendo io, perché il golf è il suo mestiere. Il mio mestiere invece lo conosco bene.» L'ultimo pensiero compiuto è: il mio mestiere secondo Piero, dopodiché sprofonda.

Quando si sveglia sono le undici. Sta peggio di prima, ma deve mangiare per prendere la Tachipirina. Arranca in cucina stando attenta a non pestare la coda della gatta che le cammina tra i piedi.

No, non le cammina tra i piedi. Margot è morta, non c'è più. Non è venuta ad accoccolarsi nell'incavo del suo braccio appena lei si è messa a letto. Non è saltata giù dal materasso appena lei si è scostata le coperte di dosso. Margot è morta. Dopo diciott'anni insieme, è morta. C'è una pace, in quella casa, un silenzio, una tranquillità. Può rilassarsi: dato che lei è morta non deve più aver paura che non abbia mangiato, che non sia andata alla lettiera, o che ci sia andata troppo spesso. Non deve più aver paura che perda troppo pelo, che non riesca a muoversi e nemmeno a saltare; che dorma, che se ne stia troppo per conto suo perché soffre troppo. Non deve preoccuparsi di nutrirla, curarla, accudirla anche quando ha la febbre. Può avere tranquillamente la febbre, non deve più prendersi cura di una creatura anziana e malata.

«Regalala» le aveva detto Colagrossi. Ma regalare cosa? Si regala un braccio, una gamba, un'amica, un pezzo di famiglia, un atrio, un ventricolo?

Perché eri così stronzo, Colagrossi?, si chiede adesso, sospirando.

Mentre apre uno yogurt bianco e mangia una banana, prende in mano il cellulare e trova, nell'ordine: una telefonata di Cristiana, tre chiamate del commissario Ciardulli, sessantasette messaggi sul gruppo WhatsApp della Quinta A.

Si misura la febbre – stavolta con un termometro digitale –, e dopo un paio di minuti legge: trentasette e tre.

Mi sento uno straccio e ho solo trentasette e tre. Sto covando qualcosa di grave, è chiaro.

Starnutisce. Tossisce. La gola le sta dando un po' di tregua. Sa che il giorno dopo arriverà la sontuosa esplosione della bronchite. Vi prego, versatemi gli antibiotici nelle orecchie, voglio morire di antibiotico come il padre di Amleto, frigna tra sé. Magari Margot è morta perché non ne poteva più delle sue fobie.

Prende la Tachipirina e prova a chiamare Ciardulli. Dubita che le risponderà, a quell'ora, ma non vorrebbe mai essere considerata una fuggiasca tipo Janet Leigh in *Psycho*. Anche perché Janet Leigh in *Psycho* ha fatto una brutta fine.

«Professoressa, ho bisogno di parlarle.» Ciardulli non la saluta nemmeno.

«Buonasera... Scusi se non ho risposto subito ma stavo dormendo; ho la febbre, non mi sento ben—»

«Domani alle dieci in commissariato. La aspetto.»

«Guardi che sto male davvero, stavol—»

Ciardulli chiude la conversazione.

Lei guarda il cellulare. Comincia a sudare.

Evita di leggere i messaggi della Quinta A e si rimette a letto. Prima di riaddormentarsi manda un messaggio a Cristiana: «Ho la febbre alta, mi sento malissimo, se muoio ricordati che ti ho voluto bene.»

Ferzetti dice che non è tranquillo: non è normale che la Magnani veda tutti quei messaggi e non risponda.

Flavia, per una volta, è d'accordo con lui. «Io vado da lei.»

«Ma dove vai, Fla', so' le undici e mezza!» dice Sofia.

«Proviamo a chiamarla, l'ultimo tentativo e casomai...» dice Alessandra.

«La chiamo io» dice Flavia.

Mentre sta per appoggiare il cellulare sul comodino, il telefono vibra. Flavia la sta chiamando.

A Flavia deve rispondere. Flavia non la chiama mai, evidentemente è successo qualcosa. *Oddio, no, non può essere successo qualcosa a Flavia. Fa' che non sia successo niente a Flavia, non dev'essere successo niente a Flavia. RISPONDI, DEFICIENTE!*

«Fla'?» esordisce, con il filo di voce tipico di chi ha paura di chiedere.

«MA'! FINALMENTE! MA CHE FINE HAI FATTO?»

«Che ti è successo, Fla'?»

«A ME? A me niente, a te piuttosto!»

«A me? Ah. Ah, giusto, io ho la febbre. E la tosse e il raffreddore.»

«Ecco perché non rispondevi...»

«Ma allora chiami solo per sapere come sto? Non è successo niente a te, vero?»

«No, no, niente, stiamo tutti qui, ti abbiamo scritto perché...»

«Ah, che carini, grazie, ho l'influenza, lo so, lo so, se ho bisogno vi avvis—»

«Ma non li hai letti i messaggi?»

«No, perché?»

«Ma'... Taranta oggi in classe ha detto a Lavorino di avvisarti che devi stargli lontano perché l'hai accusato di essere l'assassino di Colagrossi.»

Margherita ascolta quelle parole come se stesse in un acquario. «Io cosa?»

«Dice che tu l'hai accusato di essere l'assassino di Colagrossi perché secondo te DIES è latino e non inglese; lui insegna Latino, e quindi...»

La Magnani sbuffa. «Ma tu guarda 'sta merd... 'sto... questo cretino. Non l'ho mai accusato, gli ho solo chiesto cosa ne pensasse di quella ipotesi...» Tossicchia, imbarazzata.

«Senti, ma'. Secondo noi è andato alla polizia, perché ha detto che ti avrebbe denunciato per diffamazione.»

«Ah.» Starnutisce.

«Ma hai preso qualcosa?»

«Mmh, sì, un paio di Tachipirine, ma non è che...»

«Vengo da te?»

«No, no, stai tranquilla.»

Le arrivano una serie di voci, oltre a quella di Flavia.

«Adesso capisco perché il commissario mi vuole parlare...» Crede di averlo detto tra sé, ma le grida di sorpresa dei ragazzi all'altro capo del telefono smentiscono questa convinzione.

«A che ora?» Questo è Ferzetti.

«Alle dieci.»

«Ti accompagno io» dice Flavia.

«Ma no, dai...» obietta la Magnani, debolmente.

«Ho detto che ti accompagno io. Se qualcun altro vuole venire con noi, bene, sennò chissenefrega.»

«Ah, oggi è venuta con la scorta.» Ciardulli l'accoglie aprendole la porta e facendosi da parte.

Flavia lo fissa, torva.

«Salve, Ferzetti.»

Il commissario rivolge un cenno a Ferzetti che, con voce profonda e impostata, risponde: «Buongiorno, commissario. La professoressa è innocente. Non è abbastanza astuta per ordire un omicidio così efferato. Non è nemmeno abbastanza crudele. Fossi in lei, io non perderei tempo a sospettare di lei e mi concentrerei su quel tassello che ancora mi sfugge, ricorda?»

«Quando e se lei sarà me, si regolerà come crede. Per ora non prendo ordini da un diciottenne.»

Ciardulli scocca un'occhiata a Sofia, Alessandra, Marco, Tarek, Bolivia e Rabhil, per poi fermare il suo sguardo su Daniele.

«Noi due ci conosciamo.» Non è una domanda, non è un dubbio: è una constatazione. «Almeno stavolta sei qui solo per accompagnare la tua professoressa. Guarda che ormai sei maggiorenne, quindi vedi di stare attento a quello che fai.»

Daniele fa spallucce. Tace.

Il commissario Ciardulli fa entrare la Magnani, la fa sedere e si accomoda a sua volta dietro la scrivania. Il collega, Donati, la saluta senza troppo entusiasmo.

«Professoressa, Daniele Accornero è un suo studente?»

«Sì, perché?»

«Lei lo sa che è uno degli spacciatori più attivi della zona? E non lavora solo da queste parti: si dà molto da fare anche all'università. Come gli ho fatto notare, ora è maggiorenne; glielo dica lei che se lo becchiamo va dritto in galera.»

Glielo dica lei. Come se fosse facile. Ogni volta che ci ha provato, le risposte sono state insofferenti, rabbiose o, nel migliore dei casi, fredde: «Questa è 'a vita mia, pressore', io nun vojo litiga' co' te, te vojo bene, ma piantala di farmi la predica!» Le prime volte sorrideva, ora non sorride più. Con i soldi dello spaccio, Daniele paga le bollette, i debiti accumulati dalla ludopatia del padre, le cure mediche per la schizofrenia della madre. E poi gli piacciono tutti quei soldi facili.

«Glielo dirò.» Non sa bene perché quell'osservazione di Ciardulli la stia irritando oltremisura. Forse perché lui non sa niente dei suoi ragazzi. Forse perché sono suoi e nessuno si deve azzardare a pensare male di loro. Sono suoi anche se spacciano. E lo saranno per sempre.

È con freddezza, con la schiena dritta e un cipiglio che Ciardulli non le ha mai visto prima d'ora che, malgrado gli occhi gonfi e rossi, il pallore e gli starnuti, Margherita chiede: «Di cosa voleva parlarmi?»

«Lei ha accusato di omicidio il professor Davide Taranta?» Ciardulli ha percepito il muro alzato dalla Magnani, e non le consentirà di fare l'offesa.

«Ma che cosa sta dicendo?»

«Il professor Taranta ci ha detto di questa sua teoria, secondo cui DIES sarebbe latino e non inglese.»

«Sì, sto prendendo in considerazione questa eventualità. Non si può?»

«Se, basandosi su questa *ipotesi*, accusa di omicidio un suo collega solo perché insegna Latino... No, non si può.»

«Non l'ho accusato di omicidio. Gli ho solo chiesto cosa ne pensasse di questa teoria. Taranta mi detesta.»

«E lei si sta vendicando così? Mettendogli paura?»

La Magnani gira di lato il viso, sbuffando. «"Vendicando"? Sono loro ad avermi già condannata.»

«Le pare logico che in un'aula in cui è stato ammazzato un uomo la scritta DIES voglia dire "giorno"?»

«Non lo è, in effetti. Ma a lei pare logico uccidere una persona, tagliarle le mani e portarsele via?»

Ciardulli fa una smorfia. «Ha qualche sospetto, professoressa?»

«No. Ma mi guardo intorno.»

«E se fosse stato Daniele, o uno dei suoi compari? Magari Colagrossi aveva scoperto qualcosa e loro l'hanno fatto stare zitto per sempre. Chi maneggia droga è anche capace di ammazzare.»

Ciardulli la sta trapassando con gli occhi. Margherita ricambia quello sguardo con una rabbia che rispedisce al mittente quelle coltellate gratuite, e sorride.

«Non sia ridicolo. Vi sarete sicuramente già accertati che l'omicidio di Colagrossi non ha niente a che vedere con i delinquenti e gli spacciatori. O sbaglio?»

Ciardulli solleva i due angoli della bocca. Un po' poco, per chiamarlo sorriso. La definizione giusta è: dichiarazione d'intenti.

«Lei ha qualche sospetto, professoressa? Perché è andata dritta da Taranta? Mi dia retta, non commetta il solito errore di tenere per sé le sue informazioni. Mi dica tutto. Perché è andata da Taranta?»

«Perché mi odia e perché insegna Latino. Sarebbe la persona più felice del mondo se venissi accusata di questo omicidio.»

«Quindi sospetta di lui?»

«Diciamo che non lo escludo. Non sono stata io, quindi per quanto mi riguarda potrebbe essere stato chiunque.»

«Siete più di duecento, a scuola, compresa la dirigente. Perché proprio Taranta?»

«Perché insegna Latino, come Depalo.»

«Come altri venti o trenta insegnanti, nella vostra scuola. Ci dica la verità, su. Non è la prima volta che lei non ci racconta tutto.»

Anche Margherita solleva i due angoli della bocca, esattamente come ha fatto Ciardulli poco prima. Si guardano.

«Le lasci alla polizia, le indagini» dice Ciardulli.

A te nun te ce vedo, sei troppo... Sei poco... Margherita ricorda le parole di Piero. E invece io faccio un po' come cazzo mi pare, si risponde.

«Le consiglio di tenere per sé i suoi voli pindarici, o al massimo di venire a parlarne con noi.»

Margherita fa un sorriso sarcastico. «Ah, certo, voi sì che mi prendete sul serio.» Si alza in piedi di scatto. «Posso andare? Non glielo tocco più il suo Taranta, non rivolgerò più la parola a nessuno, gliel'assicuro. Posso andare?»

Quel «Posso andare?» ripetuto due volte somiglia terribilmente a un *vaffanculo*. Ciardulli percepisce distintamente la rabbia che la Magnani si sforza di contenere.

«Per questa volta, sì.»

Per questa volta, sì.

Per questa *volta.*

Mentre Margherita esce, Donati tira un sospiro di sollievo al pensiero di non aver dovuto sopportare il fetore della tisana curcuma e zenzero.

Margherita Magnani è talmente cupa, talmente arrabbiata che esce a testa bassa e passa in mezzo ai ragazzi senza aprire bocca. Tutta quell'adrenalina ha avuto persino il potere di bloccare la sequela di starnuti e colpi di tosse che fino a mezz'ora prima la stava fiaccando.

Stava giusto valutando l'eventualità di mollare tutto, di smettere di preoccuparsi e di lasciar fare alla polizia *il suo mestiere*, ma quella frase di Ciardulli su Daniele l'ha irritata.

Mi mettessero in galera, mi mettessero in galera, mi mettessero in galera.

Non si accorge nemmeno dei ragazzi che le corrono dietro urlando: «Pressore', Ma', prof, guardi che le macchine stanno dall'altra parte!» Lei procede a passo di marcia, non li sente, starnutisce, si mette una mano sulla fronte e continua a ripetersi: mi mettessero in galera, così attacco a tutti l'influenza e allora sì che ci divertiamo.

Riescono a raggiungerla trecento metri più avanti.

«E per fortuna che stai male, eh?» dice Flavia.

«Io STO male» ribatte Margherita, infuriata.

«Va bene, va bene, tranquilla, andiamo, su, che ti riportiamo a casa.» Flavia la prende sottobraccio e l'accompagna alla macchina.

«Ma se po' sape' che t'ha detto quello pe' fatte incazza' così?» le chiede Daniele. «A parte che m'ha fatto incazza' pure a me...»

Margherita si gira verso Daniele fulminandolo con lo sguardo. «Ah, t'ha fatto incazza', eh? E INVECE NEL CASO TUO HA RAGIONE. La vuoi piantare con 'sta vita di merda? Se ti va bene finisci in galera, se ti va male finisci e basta. E SMETTILA, cazzo! Sei tanto intelligente e ti ostini a negare l'evidenza!»

Tutti zitti. Tutti guardano Daniele. Era da mesi che la Magnani non gli faceva una delle sue ramanzine. Marco strizza gli occhi temendo la reazione di Daniele. Tarek e Bolivia alzano gli occhi al cielo. Flavia guarda Daniele e scuote la testa: «Lascia stare» sussurra. «Non sta bene. Chissà che è successo, lì dentro.»

Daniele è paonazzo. Deglutisce. Inghiotte

tutte le parolacce che stavano per precipitarsi fuori dalla bocca, suo malgrado. Ha gli occhi sbarrati.

Margherita lo osserva. Si guarda intorno, scruta il palazzo con le finestre a specchio alle sue spalle, che riflettono il cielo nuvoloso. Il commissariato di San Basilio sembra la sede di una multinazionale, una cattedrale nel deserto della legalità, in cui tutti si arrangiano e sopravvivono, e dove vivere significa accettare, sopportare. Le case popolari. Il murale di san Basilio che schiaccia un'auto della polizia è stato cancellato più volte e ridipinto.

Sente che sta per mettersi a piangere.

«Daniele...»

Lui continua a deglutire.

Margherita gli va incontro e lo abbraccia. I singhiozzi del ragazzo si mischiano ai suoi. Daniele piange senza lacrime.

«Non piangere, scusami. Non volevo, io... io lo so che tu sei...»

«Un bravo ragazzo? No, pressore', non sono un bravo ragazzo...» dice lui sottovoce, tirando su col naso.

«Io ti voglio bene, Daniele.» Gli accarezza la schiena.

Gli vuole bene perché anche lei è una randagia, orfana di tutti, randagia come lo era la sua gatta, randagia come lo sono tanti ragazzi.

«Vuole bene a 'no spacciatore?» Daniele ha appoggiato la fronte sulla sua spalla. Da dietro gli occhiali scende finalmente qualche lacrima.

Margherita fa una risata sommessa. «Prenditi 'sto diploma, e poi vediamo, va bene?»

Daniele annuisce. «Ma se continuo a spaccia' pure dopo il diploma, me vole bene lo stesso?» Continua a singhiozzare, ha pronunciato quella frase a voce bassissima, nessuno avrebbe potuto sentirlo a parte la Magnani. Gli altri si sono allontanati, qualcuno sta fumando una sigaretta. Sofia ascolta un vocale inesistente, Flavia finge di telefonare, Alessandra si sta allacciando una scarpa che non era slacciata. I ragazzi guardano il cellulare di Bolivia, che si sta vantando dei suoi risultati al Fantacalcio.

«Sempre, Daniele. Sempre» gli risponde Margherita. «Il bene è per sempre.»

Daniele annuisce, rifugiandosi contro la sua spalla. È più alto della Magnani di almeno trenta centimetri. Margherita ha la guancia destra appoggiata al petto di Daniele, sente che il suo cuore si sta calmando.

8

Per tutta la sera, Margherita è stata sola. Ha spento il cellulare, non ha voluto parlare con nessuno, nemmeno con Cristiana che l'ha cercata a ogni ora. Lo scambio con Daniele l'ha segnata. Dal commissariato di San Basilio alla Garbatella è rimasta zitta, nonostante i tentativi di Sofia di coinvolgerla in una conversazione leggera. Flavia guidava, guardandola dallo specchietto retrovisore. L'unica cosa che ha detto, al momento dei saluti, è stata: «Da adesso in poi voglio che ne stiate fuori. Voglio che stiate fuori da questo casino. Capito?»

«Che t'ha detto il commissario?» chiede Flavia, come se Margherita non avesse parlato.

«Ho detto che voglio che ne stiate fuori. Studiate e basta, che quest'anno avete la maturità.»

È entrata nel portone senza salutarli, lasciandoli imbambolati, perplessi. Daniele, nell'altra macchina, ha alzato il volume della musica e si è messo gli occhiali da sole. Tarek, seduto accanto a lui, Bolivia e Rabhil sul sedile posteriore, rimangono zitti. Nessuno chiede, nessuno canta, nessuno fuma.

Appena a casa, Margherita si rimette a letto. Stavolta non è solo l'influenza. Forse ha sbagliato tutto, forse ha sbagliato mestiere, forse ha ragione Taranta. Forse aveva ragione Giuliano Colagrossi. Forse è lei a conoscere appena.

«Conoscevo appena il dottor Edwardes, a dire la verità non mi piaceva.»

Prende una compressa di Tachipirina, ci beve sopra una tisana, appoggia la tazza sul comodino e chiude gli occhi.

Il venerdì mattina è talmente stanca da non riuscire a mettere un piede davanti all'altro. Nonostante la debolezza il lungo tragitto sulla metro B e un altro autobus da prendere, arriva comunque a scuola alle sette e dieci. Il Barnout ha riaperto, Margherita prova a vivere quei momenti come li viveva prima dell'omicidio di Colagrossi. La routine. L'abitudine. Le abitudini salvano. Chiede a Federica un caffè molto schiumato. Lo beve. Saluta i ragazzi e i colleghi – pochissimi – che, come lei, non riescono a essere puntuali, gente per cui arrivare cinque minuti prima significa tardare. Nemmeno il caffè al Barnout la mattina presto la tira su. Non esiste più il prima, ma solo l'adesso. Attraversa la strada ed entra a scuola.

Tutti i collaboratori sono già ai relativi piani, stanno svuotando i cestini delle aule; c'è chi lava i pavimenti, la signora al pianoterra risponde al telefono. Si parlano a voce alta, nei corridoi. Tutto quello che dicono rimbomba. Stamattina Paola ha dimenticato gli auricolari e ascolta a tutto volume la sua musica anni Settanta sul cellulare. Ora sta cantando a squarciagola *Tanta voglia di lei* dei Pooh nel corridoio del secondo piano. Anche Margherita canticchia, già seduta dietro la cattedra della Seconda N. Quando Paola entra in aula, la guarda un po' infastidita. Margherita sa che i collaboratori scolastici odiano i professori che arrivano in anticipo.

«Scusi, ma stamattina non mi reggo proprio in piedi, non avevo voglia di aspettare al Barnout.»

Paola, che è di poche parole, la soppesa con lo sguardo, come se pensasse: la conoscono tutti questa tizia ipocondriaca che sta sempre male eppure sta sempre a scuola. «Non si preoccupi», e continua a spazzare il pavimento dell'aula.

«Sempre belle queste canzoni, eh?» Margherita è imbarazzata, sta cercando di fare conversazione.

«Mmh.» Paola annuisce, senza nemmeno voltarsi.

«Vigliacco, eh?» commenta Margherita.

«Chi?»

«Be', lui, quello della canzone. Prima si sco... Prima tradisce la sua compagna, poi si pente e molla quella povera donna così, come se stesse buttando un pezzo di carta sporca.»

«Ah.» Ma come se ne è uscita?, sembra pensare. Non è che si deve fare conversazione per forza. «Arrivederci.» Paola la saluta, esce e prosegue verso i bagni.

Margherita accende il computer, clicca sull'icona del registro elettronico, inserisce le credenziali.

Paola si mette a cantare a voce altissima, pare quasi che stia gridando senza seguire la melodia, e il suo canto sovrasta la musica, già alta di per sé. Margherita sbuffa, vorrebbe avere la sicumera di quella donna che, evidentemente, non si preoccupa della dirigente. La voce di Paola continua nel suo ululato, priva di grazia. Margherita ridacchia, nonostante abbia voglia di piangere, o meglio ancora di sparire.

Paola continua a urlare: «Aaaa... aaaa... aaaaaiutoooo!»

Margherita ci mette qualche istante a ricordare che nel testo di *Tanta voglia di lei* la parola "aiuto" non c'è. Si alza di scatto e corre verso i bagni dei professori, due porte più in là, sullo stesso lato dell'aula della Seconda N.

Trova Paola con i palmi delle mani appiccicati al muro del bagno; anzi, con tutto il corpo addossato contro la parete, compresi il collo e la testa. Gli occhi fissano stravolti qualcosa che si trova nel cubicolo di fronte a lei. Con l'ultimo grammo di lucidità che le resta, Margherita spegne il cellulare che pende dalla cintura della collaboratrice, poi segue lo sguardo della donna, fisso su Davide Taranta.

Il bagno è spazioso, quadrato. Il water è posizionato di lato, sulla parete sinistra, parallelo alla porta, in fondo alla stanza. Davide Taranta è seduto a terra, le gambe divaricate, la schiena appoggiata alla parete di destra. Margherita si avvicina di qualche centimetro, si sporge verso il viso di Taranta. Ha un buco sulla tempia sinistra. Gli occhi spalancati. Un'espressione stupefatta. Un rivolo secco gli riga la guancia scendendo dal foro del proiettile.

Davide Taranta ha una mano insanguinata ficcata a forza nella bocca. La vede bene: le dita finissime, le unghie squadrate, e poi l'anello d'oro al mignolo con lo stemma di un grifone. Colagrossi sosteneva di discendere da una stirpe nobile, e raccontava che quello era lo stemma della sua famiglia. Si era fatto realizzare l'anello su misura. Davide Taranta ha la mano destra di Colagrossi infilata in bocca. Il sangue rappreso sul dorso, sui polpastrelli.

Sulla parete alle sue spalle, proprio sopra la

testa di Taranta, c'è un nome scritto in rosso, forse anche quello col sangue: DAVID.

Davide, in inglese.

DIES DAVID.

È inglese. È inglese.

Sul risvolto sinistro della giacca beige c'è un 2, sempre scritto in rosso.

Sente tutto il peso dell'orrore di quel DAVID e di ciò che comporta sprofondarle nel petto.

Taranta non la vede più, non può più sentirla. Non c'è più colore dietro la sua pelle. Anche se non ci fosse stato quel foro sulla tempia, anche se non avesse avuto la mano destra di Colagrossi in bocca, avrebbe capito lo stesso che era morto.

E lui l'aveva accusata. L'avevano sentito gridare contro di lei.

DAVID.

Quindi, Taranta è il numero 2. Ci sarà un numero 3?

Ha sentito Paola correre via dicendo: «Chiamo la polizia.»

Ma certo, ricominciamo tutto da capo. Ciardulli, il movente, la scritta, lei che stranamente è sempre presente ogni volta che viene trovato un cadavere.

Non ne uscirà mai, mai.

Margherita entra nell'ufficio della dirigente mentre la dirigente ne esce, accompagnata dai soccorritori del 112.

«STO MALE. MI SEN-TO MA-LE.»

«E allora la portiamo in ospedale, stavolta qui non la lasciamo!» risponde il medico.

Margherita sente di sfuggita un «NE HANNO AMMAZZATO UN ALTRO, MI STANNO DECIMANDO IL CORPO DOCENTI!», mentre chiude la porta.

Il commissario Ciardulli la guarda male. «Chi si rivede» le dice.

«Eh, chi si rivede lo dico io» risponde la Magnani. «Io qui ci insegno, ho tutto il diritto di starci.»

«E che ci faceva a scuola tre quarti d'ora prima delle otto?»

«Arrivo sempre prima» gli risponde la Magnani. «Lo sanno tutti.»

«E guarda un po' che combinazione, mercoledì scorso lei ha litigato con Taranta.»

«È Taranta che ha litigato con me.»

«Dov'era ieri sera?»

«A casa, stavo male. Sto ancora male. Appena uscita dal commissariato i ragazzi mi hanno accompagnato.»

«Ed era da sola?»

«Come sempre.»

«Nessuno può confermare che era a casa, quindi?»

«Nessuno.»
«Ha sentito qualcuno?»
«Nessuno. Ho spento il cellulare appena sono rientrata.»
«Strano.»
«Cosa? Cos'è che sarebbe strano?»
«Sempre offline?»
«Non avevo voglia di sentire nessuno. E comunque potete verificarlo, no? Sono rimasta a casa, la cella telefonica sarà quella di Garbatella.»
«Vede troppi gialli, lei. Potrebbe aver lasciato il telefono a casa ed essere andata ad ammazzare Taranta.»
La Magnani scuote la testa, in preda allo sconforto. «Ma ci crede davvero a quello che sta dicendo?»
«Io non escludo niente.»
La professoressa si alza in piedi di scatto. «Io non ho ucciso nessuno. Nessuno.»
«Com'era la sua teoria sul latino? E *Dies David* sarebbe latino, secondo lei?»
Margherita vede un lampo di sarcasmo attraversare gli occhi di Ciardulli. Lo guarda, vorrebbe prenderlo a parolacce, dire a lui tutto quello che non ha mai detto a Colagrossi. Che strana proiezione. Poi però si trattiene, e se ne va senza salutare.

Non sa perché, ma dopo l'ennesimo incontro con il commissario Ciardulli decide di fare il giro largo e si infila sotto i portici che costeggiano la scuola, passando alle spalle del suo bar di riferimento. Forse ha bisogno di camminare senza avere una meta, come faceva un tempo, quando dopo la morte di suo padre si sentiva morta anche lei.

Margherita non sa perché, ma camminando sotto i portici si ferma davanti al Bar Barossa. Solo in quel momento capisce che una meta ce l'aveva sin dall'inizio, ma non ne era consapevole. Come Ferzetti, che ha visto qualcosa ma non sa cosa. Ferzetti, l'unico che, se riuscisse a ricordare, potrebbe svelare l'identità dell'assassino di Colagrossi e di Taranta, salvandola.

Passa davanti a un tavolo dove quattro anziani giocano a tressette tra una bestemmia e una battuta. Tutti fumano e bevono, pochi i caffè, molte le birre, e qualche bicchierino di whisky. Margherita entra nel locale vuoto e buio.

Piero è dietro il bancone, impegnato al telefono. «Te dico tutto stasera, su.» Silenzio. «Senti, io t'ho cresciuto. Te conosco, e tu conosci me. Se dico che te racconto tutto stasera, tu stai zitto e non insisti.» Alza la mano e le fa ciao con la mano, per poi indicarle una sedia.

Margherita si accomoda.

«La pianti de fa' domande? Ne parliamo stasera a cena. Io e te. A tu' zia nun je di' niente, che lo sai com'è fatta, quella se agita. Ciao, cia' cia' cia'.» Piero si avvicina a Margherita. «Era mi' nipote.»

Lei gli rivolge un sorriso pallido. Tossisce.

«Come stai?»

«Mah. Hanno ammazzato...»

«'O so. Quello che veniva qui con gli altri, quello con la faccia che chiamava gli sganassoni. Te dispiace? Era amico tuo?»

«Per niente. E proprio perché lui mi detestava adesso la polizia sospetta di me. Ancor più di prima.»

Piero la soppesa con lo sguardo. «Di te?»

Margherita annuisce.

«A proposito, hai per caso sentito qualcosa d'interessante? Ti ricordi, ti avevo chiesto di buttare un orecchio nel caso in cui i professori fossero tornati...»

Piero scuote la testa. «No. Niente. Segnami qui il numero tuo, così magari, se dovesse capitarmi, ti avviso subito.» Le porge un foglietto e una matita. Mentre Margherita scrive, lui insiste: «Scusa, ma davvero sospettano di te?»

La Magnani sospira. Lo guarda.

Piero fa un rumore strano. Sembra un motore che si sta accendendo. La sua risata ha su Margherita un effetto rilassante. Vorrebbe dire a Ciardulli: vedi che sospettare di me è una cazzata?

Piero, intanto, continua a ridere. «Te un'assassina?» Ogni volta che la risata sta per placarsi, ripete: «Te un'assassina?», e ricomincia, con una risata ancora più rumorosa della precedente. «Non ce posso pensa', è da quando me l'hai detto l'altra volta che rido.»

«Oh, ho capito, eh! Vallo a dire alla polizia, non a me.» Margherita è leggermente scocciata.

«Ma che, ti sei offesa? Era un complimento, eh... Guarda che i poliziotti sono brave persone, secondo me ti credono, è solo che devono fa' così, è il lavoro loro... Vuoi un tè?»

«Sì, grazie, un tè con la crostata.»

Piero si allontana e Margherita controlla il cellulare: tutto tace. Nemmeno i ragazzi le hanno scritto. *Molto strano.*

«Ah, a proposito.» Piero torna con il tè e una fetta di crostata. «L'altro giorno ho visto il morto che litigava con una. Vicino alla palestra là in fondo, sotto i portici. Più che visti li ho sentiti, a dire la verità. Lei era una iena. Ammazza quanto strillava.»

Margherita lascia raffreddare il tè e addenta la crostata. «M' ch'era la t'zia?»

«Eh?»

«Scusa, stavo masticando. Chi era la tizia? Quella che veniva qui con gli altri tre?»

«No, no, una che non ho mai visto. Una giovane, capelli scuri, riccia, alta. Urlava, ah, quanto urlava.»

«E che diceva?»

«Qualcosa tipo... "La devi smettere, falla finita." Ah, e poi, mentre se ne andava, è passata qui davanti a passo svelto e continuava a urlare, diceva: "Che merda che è." Era proprio incazzata.»

Margherita beve un sorso di tè. *Alta, capelli scuri e ricci. Giovane.*

Capelli scuri e ricci.

Beve un altro sorso di tè, in silenzio.

«Poi è salita in macchina.»

«Piero, ma parli a puntate? Non puoi raccontare tutto insieme?»

«Se te serve, ho segnato il numero di targa. Mica solo per te, poi lo do pure a mi'... alla polizia.»

Margherita guarda il foglietto che Piero le sta porgendo.

«Lo conosci?» Lui la guarda e vede che sta trattenendo il respiro. «Oh? Tutto bene?»

«Come?»

«Stai bene?»

«Non lo so.»

«Conosci 'sta targa?»

Margherita annuisce, terrorizzata.

«E di chi è?»

«Di una... di una collega.» Balbetta.

«Ah, vabbè. Meglio per te, no? Magari è stata

lei ad ammazzare quello.» Dice «quello» con un tale disprezzo che sembra stia sputando la parola di bocca.

Al Barnout, a differenza della prima volta in cui la scuola era stata chiusa, non c'è quasi nessuno. I docenti sono tutti a casa, la maggior parte degli studenti ha scelto altri posti in cui darsi appuntamento. Seduti ai tavolini fuori dal bar ci sono solo Ferzetti, Sofia, Flavia, Alessandra, Marco, Daniele, Tarek, Rabhil e Bolivia.

Ferzetti è sconvolto. Non riesce a pronunciare una sola parola di senso compiuto senza interrompersi. Sofia gli ha messo un braccio sulle spalle. Gli altri sono esterrefatti dalla reazione di Ferzetti, ma Alessandra cerca di tranquillizzarlo, dicendogli che si sistemerà tutto. Flavia, invece, è più accigliata del solito. Non sono abituati a vederlo fuori controllo, lui che cammina sempre come se avesse un palo nel culo.

Ferzetti si chiede come ha fatto a non ricordare prima, a non pensarci prima. Ora che ricorda è tutto chiaro, è davvero come la sequenza in cui Marc Daly capisce che quella parete gli sembra diversa perché manca la faccia dell'assassina.

«Non possiamo dirglielo.»

«Dobbiamo dirglielo, ma quando glielo diciamo...»

«Forse è meglio non dirglielo, forse dovremmo andare a dirlo alla polizia.»

«No, prima a lei, non possiamo fare gli infami con lei, dobbiamo dirglielo.»

«Ma quando, e come.»

«In un modo o nell'altro glielo dobbiamo dire.»

«Chiamiamola.»

«No, non ce la faccio adesso, non ce la faccio.»

«Va bene, appena stai meglio allora, ma glielo dici tu.»

«Va bene, ci penso io, ora calmati» dice Flavia, e in quel preciso momento vede la Magnani sbucare fuori da sotto i portici: cammina sbandando a destra e a sinistra più del solito; si guarda intorno come se temesse di essere aggredita, poi alza gli occhi e li vede seduti fuori dal Barnout e gli va incontro.

Si siede, con il fiato corto. Non per gli strascichi del raffreddore e della tosse, e nemmeno per la stanchezza. È solo scioccata. Quella storia va al di là delle sue forze. Per tutto questo tempo lei è stata la sospettata numero uno: tra poco, però, i sospetti si sposteranno altrove. Le voci dei ragazzi le arrivano ovattate, è come se si trovasse sott'acqua. Prende il cellulare tra le mani che le tremano e va su WhatsApp.

«Che fa? A chi scrive?» La voce baritonale di

Daniele, alle sue orecchie, è una serie di parole senza senso.

«Ma', aspetta.» Flavia le sfila il cellulare di mano. «Un attimo.»

Margherita li guarda in faccia, uno per uno. Sono seri, austeri. Ferzetti ha gli occhi così grandi che si mangiano tutto il viso. Lo sguardo della professoressa si fissa su di lui. «Ferzetti...»

Il ragazzo è ammutolito. «No, io non dico niente.» Scuote violentemente la testa. «Io non dico niente. Eravamo d'accordo che io non avrei detto niente.» Si volta verso Flavia.

Margherita si acciglia, e si gira anche lei verso Flavia. «Cosa... che cosa deve dirmi Ferzetti?»

Ferzetti fa di no con la testa.

«Sentite, sono già sconvolta di mio, se dovete parlare fatelo subito, per favore.»

«Avevi detto che ci avresti pensato tu» si intromette Sofia, rivolgendosi a Flavia.

«Ma', ti senti bene?»

«No. Si vede?»

«Hai la febbre?»

«No, non è questo...»

«E che cos'è, allora?»

Margherita parla prima ancora di pensare se sia il caso di farlo. «Ho appena scoperto che Cristiana ha litigato violentemente con Taranta il giorno prima che venisse ammazzato. E non mi ha detto niente.»

I ragazzi nuotano in un silenzio cupo.

«Non mi ha detto niente» ripete la professoressa. «Perché non mi ha detto niente?»

La prima a recuperare una certa presenza di spirito è ancora una volta Flavia. «Perché ci ha litigato?»

«Non lo so.»

«Ma', tu hai spento il cellulare, ieri sera. Non hai risposto nemmeno a noi. Non ti ha chiamato la Pacinotti? Mi pare strano...»

Margherita riflette. Prova a ricordare.

Sì, le ha telefonato. Cristiana le ha telefonato ma lei aveva spento il cellulare. Voleva stare male da sola, voleva sguazzare nei pensieri funesti da sola, voleva crogiolarsi nella confortevole malinconia di chi si sente sempre una vittima.

«Ti ha chiamata, vero?»

Margherita annuisce.

«Magari voleva dirtelo.»

«Chissà...» sospira la Magnani.

«Professoressa, mi sono ricordato quella cosa. Quella cosa che non riuscivo a ricordare.» Ferzetti la interrompe, e le parole gli piombano fuori dalla bocca come se cadessero giù da un precipizio. Non può permettersi di passare per pavido. Non vuole. «Professoressa?»

La Magnani è distratta. «Dimmi. Parla. Ti ascolto.»

«Professoressa, mi sono ricordato. Mentre

Colagrossi, Depalo e Taranta parlavano male di Tiziana Bucciarelli è successa una cosa. Non mi sono dimenticato di aver visto una persona, ma di aver sentito una cosa. Professoressa, mi è tornato in mente adesso, perché... Be', professoressa, la Pacinotti è stata qui con noi a fare due chiacchiere sperando di vederla, dato che non rispondeva al telefono. E a un certo punto è squillato il suo, di telefono. Lo sa che suoneria ha?»

Sì, certo che lo so.

«*Another Brick in the Wall*, dei Pink Floyd. È una canzone famosissima, è dei suoi tempi, dovrebbe conoscerla.»

Certo che la conosco.

«E appena l'ho sentita mi sono ricordato che è la stessa suoneria che ho sentito in sala professori quel giorno, mentre quei tre parlavano.»

«Scusa, mi stai dicendo che Cristiana era in sala professori mentre loro tre parlavano di Tiziana Bucciarelli in modo ripugnante, e non è intervenuta? Non ci credo.»

«Ma è così, professoressa. La suoneria era la sua, era la suoneria del suo cellulare.»

«Magari se lo era dimenticato e l'aveva lasciato lì...»

«No, sono sicuro che ha rifiutato la chiamata, perché la suoneria si è interrotta quasi subito.»

«Quindi secondo te lei ha rifiutato la chiamata e si è limitata ad ascoltare quello che dicevano gli altri senza intervenire? No, non ci credo.»

«Professoressa...»

Margherita tira un pugno contro il tavolino. «NON È POSSIBILE.»

Silenzio.

«Dov'è andata, Cristiana? Lo sapete? Ve l'ha detto?»

«No, non ce l'ha detto.»

«Come vi è sembrata? Era normale?»

«Normalissima, ma in ansia per te» risponde Flavia. «Ci ha chiesto come stavi, se a noi avevi risposto al telefono.»

Margherita prende il cellulare e chiama Cristiana.

«Ah, sei viva!» esclama Cristiana, dall'altra parte. «Ti ho cercato *con-ti-nua-men-te*.» Scandisce l'avverbio in modo teatrale.

«Sono al Barnout. Mi raggiungi?»

«Oddio, ho appena ripreso la macchina, a saperlo non la toglievo dal parchegg—»

«È urgente, ti aspetto qui.»

Margherita chiude la conversazione, senza aspettare che Cristiana le risponda. Fa un cenno a Federica, ferma dietro il bancone. «Che ti porto?» le chiede lei, affacciando la testa fuori dalla porta del bar.

«Una tisana curcuma e zen... No, aspetta, un

Negroni. Un Negroni. Anzi, no: un gin tonic. E un...»

«Un tramezzino?»

«No, una macedonia, il tramezzino ingrassa.»

«Pressore', ma il gin tonic allora...»

«ZITTI. E adesso andate via, voi. Devo parlare con Cristiana. Da sola.»

«Ma poi ci fa sapere?» la implora Daniele.

«No. Voi dovete starne fuori, e basta. Ve l'ho già detto, non mi fate incazzare: sta-te-ne fuo-ri. Daniele, giura. Giura o non ti rivolgo più la parola e per me diventi un estraneo.»

«Okay, okay, calma. Giuro. Che palle.»

«CHE HAI DETTO?»

«Niente, niente. Dai, rega', annamosene. Oggi nun è proprio aria.»

«Oh, ma che sei scema?» Cristiana è seria, Margherita non l'ha mai vista così.

«Siediti.»

«Mi siedo, ma non perché me l'hai ordinato tu.»

«Che prendi?»

«Se continui così prendo a schiaffi te, grazie.»

Margherita la guarda. «Scusami. Ma non sopporto che la mia migliore amica mi dica una bugia. Anzi, che non mi racconti le cose importanti...»

Cristiana si alza, entra nel bar, chiede a Federica un Negroni e torna a sedersi.

«Ho visto Taranta e Lavorino parlare fitto fitto mentre andavo a prendere la macchina che avevo parcheggiato vicino alla palestra. Quando si sono accorti di me, hanno smesso di chiacchierare e si sono salutati di corsa. Non lo so che mi è preso, sono partita in quarta. Gli ho detto che la doveva piantare di accanirsi contro di te, che aveva rotto il cazzo, che era un uomo di merda e che la scuola non aveva bisogno di stronzi come lui, Colagrossi e la Depalo. Ti ho telefonato per tutta la sera per raccontartelo, ma tu eri irraggiungibile. Anche per la tua "migliore amica"... E volevo anche andare a dirlo a Ciardulli, nel caso te lo stessi chiedendo. Ma stamattina hanno trovato Taranta, e così...»

Margherita ha già quasi finito il gin tonic, ma non ha nemmeno iniziato a mangiare la macedonia. Le parte il singhiozzo.

«Fammi paura.»

«Eh?»

«Ho il singhiozzo, fammi paura.»

«Tu sei scema.»

Margherita conta fino a sette trattenendo il respiro.

«Hai capito quello che ti ho detto?»

Fa di sì con la testa, senza respirare. Butta fuori il fiato, ma il singhiozzo ricomincia. «E... e la... suone... ria?»

«Che?»

«Fer... zet... ti mi ha det... to che...»

«Ferzetti? Ti ha detto che...?» Cristiana tenta di interpretare la frase spezzettata di Margherita.

La Magnani gira la testa di lato, di colpo, e vomita.

«Oddio, Marghe...» Cristiana si alza, le si mette alle spalle e le tiene la fronte.

Margherita tossisce via l'ultimo conato, rialza la testa, tira su col naso. Ha gli occhi pieni di lacrime.

«Che fai, piangi?»

«Ma no, è colpa dello sforzo...»

«Come stai?»

«Mi sa che non dovevo bere il gin tonic a stomaco vuoto...» dice, sconfortata.

«Ah, pensavo fossi incinta...» Cristiana la fissa, ironica. «Sei veramente scema, vedi che ho ragione? Sei quasi astemia e bevi il gin tonic con l'influenza, e per di più a digiuno.»

«Forse dovrei farmi portare una tisana...»

Cristiana la prende per le spalle. «Senti, stai buona un attimo. Riprendi fiato. E dimmi di Ferzetti.»

Margherita la guarda, adesso le viene da piangere sul serio. È stanca, demotivata. Non può non fidarsi di Cristiana. «Ferzetti si è ricordato che una volta, in sala professori, ha sentito Colagrossi, Depalo e Taranta dire cose disgustose su Tiziana Bucciarelli. Poi ha sentito la suoneria di un cellulare ed era *Another Brick in The Wall*. La tua suoneria. Tu eri lì. Sapevi tutto e non mi hai detto niente. Perché?»

Cristiana lascia cadere di peso le mani che teneva strette attorno alle spalle di Margherita. «Io ero lì? Ma non è vero!» Margherita si gira verso di lei, e sul viso dell'amica legge uno stupore autentico, la sua è l'espressione di chi non può capire, perché sta dicendo la verità. «E poi io il cellulare a scuola lo spengo sempre. Dovresti saperlo!»

La Magnani aspetta un po' prima di rispondere. È combattuta tra il bisogno, la voglia di crederle e il dubbio maledetto, l'urgenza di sentirsi convincere.

«Io non posso convincerti.» Cristiana pare leggerle nel pensiero. «Ma tanto lo sai bene, dentro di te, che non potevo essere io. Ma ti pare?»

«Sì, hai ragione.» Margherita è pallidissima. Nel frattempo, Federica è uscita per pulire e chiederle se ha bisogno di qualcosa. «Scusa, Fede. Sono mortificata. Non mi sento per niente bene.»

«Eh, stavolta però è vero» commenta la barista, mentre lava il selciato e sbuffa.

«Scusami...»

Federica è contrariata, e si vede. Quando ha finito, rientra e rimane dietro il bancone.

«Ma quindi, se non eri tu, chi era? Possibile

che due persone abbiano scelto due suonerie identiche?»

Cristiana fa spallucce. «Che c'è di strano? Non sarò mica l'unica alla quale piacciono i Pink Floyd!»

Maicol arriva all'appuntamento con un'andatura baldanzosa, il borsello di Louis Vuitton a tracolla, stretto al petto. È il tardo pomeriggio di venerdì 24 novembre. Daniele non voleva andarsene, non voleva lasciare la Magnani al Barnout, ma sta cercando comunque di aiutarla, pur senza restarle fisicamente accanto. A via del Pigneto c'è tanta di quella gente che persino Daniele, malgrado sia abituato a gestire la folla e la solitudine con la stessa disinvoltura, si sente soffocare, e non solo per la camionetta della polizia che staziona sempre all'isola pedonale.

«Bella, fra'.»

«Bella.»

«M'ha detto l'amico di Tarek che ti servivo.»

Daniele sa che dovrebbe starne fuori, ma vuole aiutare la professoressa, vuole allontanare da lei i sospetti della polizia.

Daniele sa che i suoi metodi non sono sempre legali, sa che deve dare qualcosa in cambio al ragazzo con il quale la sua infinita filiera di amici l'ha messo in contatto. Ma è convinto che valga la pena di rischiare: con un po' di fortuna, riuscirà a togliere la Magnani dall'angolo in cui si è ficcata con le proprie mani. Quella donna è troppo inesperta, troppo ingenua. Potrebbe essere sua madre, ma la strada non la conosce, non sa come arrivare alla verità percorrendo vie "alternative". Quello che nessuno sa, e che nessuno immagina, è che tra i ragazzi di ogni città – anche le più affollate, come Roma – esistono due, al massimo tre gradi di separazione. Sempre che esistano. Su questo contava Daniele: sulle sue conoscenze, sui suoi giri di "lavoro".

Ci ha messo qualche giorno, ma alla fine ci è riuscito.

«Sì, ho bisogno di un'informazione.»

«Io l'infame non lo faccio.»

«No, è una cosa di scuola, tranquillo.»

Maicol scoppia a ridere. «Di scuola? A me mi chiedi una cosa di scuola? Io so' stato bocciato du' volte, mi' padre m'ha dovuto iscrive' a un paritario pe' famme pija' er diploma e rischio di essere bocciato pure lì!» Si accende una sigaretta.

«Proprio di questo volevo parlare. Quale paritario?»

«Quello sulla Nomentana. Il San Fiorino da Borno. Almeno mi sta di strada...» Scrolla la cenere dalla punta della sigaretta e si passa la mano libera sulla testa rasata.

«Che classe fai adesso, scusa?»

«Sto...» Alza gli occhi al cielo. «Sto ancora in quarta. Sono stato bocciato due volte in prima e poi sono passato al paritario.»

«Ecco, ecco.» Daniele lo prende per una manica e lo accompagna verso un tavolino. «Te offro una birra.»

«E pure qualcos'altro, spero, visto che so' venuto fino a qua da piazza Sempione.»

«E certo, è scontato. Che prendi, una Ipa?»

La Magnani non si è mai sentita così in colpa nella sua vita recente. Nella sua seconda vita, come la definisce lei, quella dopo il matrimonio, il tradimento, il divorzio. C'è una parte di lei che ancora prova rimorso per aver ingannato il suo ex marito, peccato però che il suo ex marito si sia risposato e viva felice e contento con la sua attuale moglie. È così bello sentirsi in colpa. Così bello che il matrimonio del suo ex marito non ha diritto di cittadinanza nei suoi pensieri: lei è rimasta ferma al tradimento, alla sua Grande Colpa. Le serve per non andare avanti, per restare immobile. Della sua seconda vita, la Magnani ricorderà la Grande Colpa di aver tradito Cristiana, di aver pensato che lei le avesse mentito. L'unica, vera amica che ha.

Una volta, il tenente Colombo ha portato il suo cane dal veterinario. Era preoccupato, ansioso. Ha adagiato il placido basset hound sul lettino, e poi ha detto al dottore: «Ma li sente questi rumori? Il cane sta male!» E il veterinario gli ha risposto: «Tenente, questo si chiama "russare".» Ecco cosa fa la paura: distorce la realtà, inganna, capovolge la verità.

Lei ha scambiato la fedeltà di Cristiana per tradimento. Perché aveva paura. Come le è potuto venire in mente che le avesse taciuto un evento tanto fondamentale, sapendo che lei è in cima alla lista dei sospettati?

Sta cenando con un piatto di stelline in brodo coperte da un piumino di parmigiano grattugiato e un filo di olio. Guarda *Angoscia*, è passato tanto di quel tempo dall'ultima volta che lo ha visto che quasi non ricorda le battute. Quasi. Ingrid Bergman sente di star perdendo il senno, Charles Boyer è un manipolatore vestito da santo, Angela Lansbury è la cameriera giovane e ruffiana.

Qualcuno sta provando a farla impazzire, anche se lei non è sposata e non conosce il suo Charles Boyer. A dirla tutta, non ha nemmeno una cameriera, ma se proprio dovesse dare un viso a questo ruolo, sarebbe quello di Lavorino. Giovane e subdolo.

Solo che Ingrid Bergman non è pazza: alla fine si scopre che è sanissima e che sta rischiando la vita.

Dopo aver mangiato le stelline, prende una compressa di Tachipirina 1000.

Cristiana ha detto di non volerla sentire, per il momento. Non può darle torto. Anche lei non vorrebbe sentirsi. Se potesse spegnersi per qualche mese, ritirarsi dal mondo, mettere a tacere il cervello, lo farebbe subito.

Margherita non sa che, nello stesso momento in cui lei si addormenta sul divano, l'assassino ha appuntamento con Croci Depalo sotto i portici, davanti al Bar Barossa. È quasi mezzanotte, è buio dentro la scuola, è buio fuori dalla scuola. Non c'è nessuno in giro. Sono tutti in centro. Mentre il Lungotevere è intasato di macchine, all'estrema periferia Est di Roma, in uno slargo deserto dietro viale Palmiro Togliatti, i palazzi tutti uguali, tutti vicini, dormono in una città vuota. Gli autobus e i tram passano di rado. Non c'è nessuno che li aspetti alle fermate.

Margherita non sa che, davanti al Bar Barossa, l'assassino si avvicinerà a Croci Depalo, lei si spaventerà moltissimo per l'aspetto, per come si è "vestito", e non farà in tempo a chiedergli perché mai l'abbia fatta arrivare fin lì e, insomma, qual era questa rivelazione clamorosa a proposito degli omicidi. L'assassino tirerà fuori la pistola con il silenziatore, gliela appoggerà al centro della fronte e sparerà – tutto in un istante –, poi la sistemerà con la schiena alla serranda del Bar

Barossa, il cui ingresso è in una rientranza rispetto alle mura dell'edificio. Le taglierà la lingua, stavolta senza preoccuparsi di lavare il sangue, con il quale sul muro, sopra la testa della terza vittima, scriverà: SIBYLLA. Nasconderà la bocca di Croci dietro la mano, ormai nera, di Colagrossi. Una mano messa lì davanti, come per farla tacere in eterno.

Sulla fronte di Croci, con il suo sangue, scriverà 3.

Margherita non può saperlo, sta già dormendo. E in quella strada non passerà nessuno prima di Daniele, in motorino, di ritorno dall'incontro con Maicol, al Pigneto. Poteva trovarla chiunque e invece è toccato a Daniele. Nemmeno l'assassino avrebbe mai sperato in un finale così perfetto.

Margherita non immagina nulla di tutto questo: nessuno lo sa, tranne la scuola. E la scuola è ovunque ci sia un ragazzo.

9

Quando la Magnani si sveglia, la mattina seguente, guarda l'orologio e scopre che ha dormito per sei ore consecutive. Sarà stata la Tachipirina, si dice. Sei ore consecutive: non le succedeva da... Non se lo ricorda. Anni. Sicuramente anni. Ha la testa ancora ovattata e gli occhi rossi, ma quelle ore di sonno l'hanno messa di buonumore.

No, dire «buonumore» è esagerato. Così ripiega sul concetto di "serenità": sì. Quelle ore di sonno l'hanno rasserenata. Allunga la mano verso il comodino e prende il cellulare.

Lo accende.

Cristiana l'ha cercata, la sera precedente. Sorride. Che meraviglia di amica è, Cristiana. Vede che anche Daniele l'ha cercata: cinque volte. Ferzetti, invece, ha provato a chiamarla sette volte. Flavia quattro. E Sofia due. L'ha cercata pure il commissario Ciardulli. E sono solo le otto e mezza.

Su WhatsApp, nel gruppo di classe, ci sono 163 messaggi non letti.

Margherita ha già smaltito la sensazione di dolce intontimento provata qualche minuto prima.

Chiama Ciardulli.

«Professoressa, dove si trova? L'ho cercata.»

«Sono a casa, mi sono appena svegliata. Che succede?»

«Se non le dispiace, vorrei che venisse al commissariato. A mezzogiorno va bene?»

«Va bene.»

Adesso la Magnani ha veramente paura. Le trema la mano mentre seleziona il numero di telefono di Cristiana dalla rubrica.

«Marghe, dove sei?»

«A casa, Cristiana: dove vuoi che sia a quest'ora del mattino?»

«Hanno ammazzato Croci, Margherita. Hanno ammazzato Croci, l'hanno... L'ha trovata Daniele, mentre tornava a casa, stanotte. Davanti al Bar Barossa... Vediamoci subito!»

«Ecco perché Ciardulli mi ha cercato... Devo stare al commissariato a mezzogiorno. Incontriamoci lì.»

«Anche Daniele è ancora là.»

«Dove?»

«Al commissariato.»

«Daniele?»

«Certo. Daniele. Poi l'hanno raggiunto anche tutti gli altri.»

Margherita fa uno sforzo titanico per non immaginare come possa essere stata ammazzata Croci, per non pensare a Daniele, per non pensare alle domande di Ciardulli e agli sguardi dei ragazzi. Saluta Cristiana e va a lavarsi.

Ancora non sta bene.

«Daniele!»

«Pressore'!» Daniele si alza di scatto, le corre incontro.

Si abbracciano in silenzio.

«Daniele, perché stai qui?»

«Non sono proprio tornato a casa, sarei stato da solo. L'ho cercata tante volte.»

Ciardulli si avvicina a loro. Dietro Daniele ci sono Sofia, Flavia, Alessandra, Marco, Tarek, Bolivia e Rabhil.

«Ma i messaggi? Non li leggi i messaggi su WhatsApp?» Sofia ha una nota di rabbia nella voce.

Margherita la guarda, ma è come se ancora non riuscisse a mettere a fuoco niente e nessuno. «Dormivo. Ieri, al Barnout, mi sono sentita male.»

«Ha di nuovo spento il cellulare, giusto?» interviene Ciardulli.

«Sì, ho spento il cellulare, commissario.» Improvvisamente si sente piena di forze. «Ho anch'io il diritto a disconnettermi, non crede? Non mi pagano per essere reperibile ventiquattr'ore al giorno, cazzo!»

I ragazzi la conoscono. Sanno bene che la Magnani, una persona dalla pazienza quasi illimitata, sconfina in un territorio sguarnito e imprevedibile quando quel "quasi" prende corpo. Qualcuno di loro sorride. Qualcun altro abbassa gli occhi per non ridere apertamente.

Ciardulli resta interdetto. Quella donna così mansueta e spaventata, sempre in ansia, dipendente dalle proprie paure, ora gli sembra sua madre quando lui o suo padre o i suoi fratelli passavano con le scarpe sporche sul pavimento appena lavato. «Vuole accomodarsi dentro?» le chiede, disegnando un semicerchio con il braccio teso per indicare il suo ufficio.

«Perché mi avete chiamato?»

«È stato Daniele a chiedermi di farlo. È maggiorenne. Non siamo tenuti a telefonare ai suoi genitori.»

«E comunque non li avreste trovati...» borbotta Daniele.

«Non voglio entrare nel suo ufficio, preferisco restare qui. Deve interrogarmi? E perché? Gliel'ho detto: ero a casa mia, a dormire!»

Margherita vede arrivare Cristiana. Le due si guardano negli occhi: Margherita sa che è tutto passato, che loro due sono ancora loro due, che l'incomprensione è una goccia che evapora e non scava la pietra.

Cristiana si ferma dietro Daniele.

«Semplicemente perché stiamo più comodi. Qui in corridoio non possiamo parlare» dice il commissario.

Donati compare alle spalle di Ciardulli.

Margherita fissa Donati. «Va bene. Allora entriamo tutti. E dato che non mi sento ancora bene, voglio una tisana curcuma e zenzero. Ne vuole una anche lei?» chiede poi, rivolgendo a Donati un sorriso beffardo. «Gliela consiglio, sa?»

Il pensiero di Croci con la lingua strappata, coperta di sangue, sola in una strada buia, appoggiata alla serranda di un bar chiuso, sotto i portici dove non passa mai nessuno perché di notte fanno paura, le fa formicolare le mani. Le succede sempre, quando stanno per mancarle le forze.

Mette una bustina di zucchero in quello che resta della tisana. Daniele si è fermato a controllare chi fosse quella sagoma appoggiata alla serranda perché lui, di quei portici, non ha paura. Quei portici deserti e cupi sono casa sua, il suo territorio. Nessuno oserebbe mettersi contro Daniele, lì. E non solo lì.

Mezzanotte, per Daniele, corrisponde al tardo pomeriggio di un cittadino onesto, con ritmi che rientrano nella normalità. Stava tornando a casa per cambiarsi e uscire di nuovo.

«Dov'eri stato?» gli chiede la Magnani.

«All'appuntamento con un amico, a piazza Sempione.»

«Te lo chiedo per l'ennesima volta: sei andato a spacciare?» interviene Ciardulli.

«No, pressore', niente spaccio.» Daniele risponde a Margherita, invece che al commissario. «Volevo raccogliere informazioni. Lei da sola non ci sarebbe mai arrivata, e nemmeno loro.» Daniele ora guarda Ciardulli e Donati.

Il commissario sorride. «Parla, parla pure» gli dice.

Daniele fa spallucce: «Io conosco tutti, pressore'.»

Maicol frequentava ancora il paritario di via Nomentana e ricordava benissimo quando c'era Colagrossi. Lo odiavano tutti, non solo i ragazzi, ma anche i colleghi. Non piaceva a nessuno, soprattutto da quando era successo il macello. Che macello? Il macello, lo chiamavano tutti così in quella scuola. Il macello. Un ragazzo si è ritirato, la famiglia voleva denunciare Colagrossi, poi ci ha ripensato perché il ragazzo aveva cominciato a stare male.

«E come si chiamava questo ragazzo?» chiede la Magnani.

«Non lo so, non se lo ricordava nemmeno Maicol» risponde Daniele. «E poi Colagrossi se n'è andato, ed è venuto qui. Altri professori di quel paritario sono entrati di ruolo nella nostra scuola, o hanno chiesto il trasferimento. Così mi ha detto Maicol. Lavorino, per esempio...»

La Magnani si volta di scatto verso Ciardulli. «Io me lo sentivo che Lavorino c'entrava qualcosa. Nessuno l'ha mai preso in considerazione perché lui è l'insegnante di sostegno, ma c'entra, lo so. Non so in che modo, ma so che c'entra. Cazzo.»

Ciardulli sospira. «Sapevamo già tutto, ovviamente. Lei ci sottovaluta, professoressa. Abbiamo interrogato Lavorino e i colleghi che si sono trasferiti in questa scuola e che conoscevano Colagrossi da anni. Li abbiamo interrogati, li abbiamo *attenzionati*, ma niente. Abbiamo sentito anche Costanza Arteni, sappiamo che Lavorino parlava molto con lei, e che quella donna gli raccontava tutto: ogni cosa, ogni insulto che Colagrossi e Taranta rivolgevano a Mamadou. Sappiamo che Lavorino era schifato, che con i suoi colleghi criticava sia Colagrossi che Taranta, ma lo faceva di nascosto, alle loro spalle. Lavorino ha due alibi solidissimi. La prima volta, per l'omicidio di Colagrossi, non era a Roma. Quando è stato ucciso Taranta, invece, era a una festa di compleanno. E ieri sera, di nuovo, era a cena fuori. Anche se non tutti gli alibi degli ex colleghi di Colagrossi sono così solidi, non abbiamo prove: solo ipotesi, troppo poco.» Ciardulli sospira: per la prima volta da quando Margherita lo conosce, le sembra umano.

«Quindi li avete interrogati?» La Magnani trasecola.

«Ma certo.»

«Allora non ero l'unica sospettata?»

«Come le ho già detto, non escludiamo mai niente e nessuno.»

«Perciò lei non credeva sul serio che potessi essere stata io ad ammazzare Colagrossi e Taranta. E adesso Depalo.»

Ciardulli la soppesa con gli occhi. Guarda Margherita, i capelli che sfrecciano in tutte le direzioni, le occhiaie che arrivano agli zigomi, struccata, un piumino nero che la fa somigliare all'Omino Michelin, ma in lutto. Un paio di Skechers consumate ai piedi. Sta bevendo un sorso di tisana. Daniele, uno dei più conosciuti spacciatori della zona – e anche uno dei più rispettati – ha voluto che avvisassero lei, invece dei genitori. Quell'altra ragazza – gli pare che si chiami Flavia – guarda chiunque si avvicini o rivolga la parola alla Magnani come se fosse un nemico: ha la faccia tipica di chi sarebbe disposta a mettersi tra la professoressa e la morte.

«No, credo che lei non sarebbe in grado di

uccidere.» Ciardulli lo dice sottovoce, come se gli costasse molto.

Donati, seduto alla scrivania, scuote la testa. Se per confermare le parole di Ciardulli o per smentirle, la Magnani non può saperlo.

«E poi sta simpatica a mio zio. Mio zio è un tipo molto... Mio zio non sopporta nessuno.» Il commissario lo dice prima di aver deciso se fosse il caso di sbilanciarsi in quel modo.

«Suo zio? Non credo di conoscere suo zio.»

Ciardulli annuisce gravemente. «Lo conosce, lo conosce.»

La Magnani è troppo in ansia per seguire le parole di Ciardulli. Poi, però, la tensione finalmente l'abbandona, come se una serie di onde concentriche le percorressero il corpo, dalla testa ai piedi, fino a scaricarsi a terra. Torna lucida.

«Se non le dispiace, invece che di suo zio preferirei parlare della morte di Croci Depalo. Soprattutto di quella scritta, "Sibylla".»

«Già, Sibylla.»

«Dies David Sibylla» ripete la Magnani. «Sembra inglese.»

«*È* inglese» rincara il commissario.

«Ma la Depalo non si chiamava Sibylla.»

«È evidente. L'assassino però deve averle tagliato la lingua perché parlava troppo.»

«Tutti e due parlavano troppo. Anzi, tutti e tre» dice Margherita. «E male. Troppo, e male.»

La Magnani è stordita dal silenzio che avverte intorno a sé. I ragazzi tacciono, sono immobili, guardano prima l'una poi l'altro.

«Però... Ammettiamo che... Ammettiamo solo per un attimo che...» balbetta Margherita.

«Che?...»

«Che non sia inglese.»

«La prego...» Ciardulli allarga le braccia.

«Aspetti. Aspetti.» La professoressa fruga nella tasca del piumino, tira fuori il cellulare, inserisce sulla stringa del motore di ricerca: DIES DAVID SIBYLLA. «Perché non ci ho pensato prima, cazzo!»

Il primo risultato è una voce di Wikipedia: *Dies irae*.

Dies irae, / dies illa, / Solvet saeclum in favilla, / Teste David cum Sibylla.

«Il giorno dell'ira, quel giorno che dissolverà il mondo terreno in cenere, come annunciato da Davide e dalla Sibilla.» Con uno scatto del braccio, mette davanti al naso di Ciardulli il display del suo cellulare. «Lo vede? Ho ragione io!»

«Sì, ma stia ferma con la mano, non riesco a leggere.»

Ciardulli le afferra il polso per impedirle di tremare.

«HA CAPITO?» La Magnani adesso è rossa in viso. I ragazzi non l'hanno mai vista così esaltata. Con la coda dell'occhio Margherita nota che Sofia preme un pulsante sul cellulare e se lo avvicina all'orecchio. Tutti gli altri la guardano, preoccupati.

«DIES vuol dire "giorno", ma anche "muore", e infatti Colagrossi era morto. Poi DAVID, perché Taranta si chiamava Davide. Quindi "muore Davide". Poi SIBYLLA, perché Croci... la professoressa Depalo... non era proprio un tipo laconico. "Muoiono Davide e Sibilla." Ma se le mette tutte insieme, queste sono parole del *Dies irae*, il giorno del giudizio universale. E l'assassino ha messo in pratica il suo giudizio universale! CAPISCE?» La Magnani ora sta urlando.

La traduzione, quello che si perde nella traduzione. Sibir, Margot. La più viva tra le lingue morte. La più morta tra le lingue vive.

Ferzetti!

«Dove cazzo è Ferzetti?» grida la professoressa, girandosi di scatto per fissare Sofia.

Le ragazze scuotono la testa. Sofia ha gli occhi che le si allargano sul viso, è spaventata e si vede.

«DOV'È FERZETTI?»

«NON LO SAPPIAMO, NON LO SO!» Sofia scoppia a piangere. «Sto provando a chiamarlo da due ore, ma non risponde! Mi ha mandato un messaggio stamattina, ha scritto che stava al Barnout, che ci avrebbe aspettati lì. Quando siamo arrivati, però, il Barnout era chiuso. Non so dove sta...» Si accascia sulla sedia, le mani tra i capelli. «Sento che è successo qualcosa... Francesco è sempre raggiungibile, e se non risponde, richiama...»

Flavia le accarezza la testa.

Margherita si sente di colpo debole. Ha paura. Se avesse avuto un figlio, forse, si sarebbe sentita così.

Francesco.

Si gira verso Ciardulli, persa. «Francesco è in pericolo...» balbetta. «Stamattina ha provato a chiamarmi anche lui, ma io... avevo il telefono...»

Riprende in mano il cellulare, che nel frattempo aveva appoggiato sulla scrivania del commissario, e scorre tutti i messaggi che non aveva letto su WhatsApp: non provenivano solo dalla chat di classe, ce n'era anche uno privato di Ferzetti: «Al Barnaut con Barba.»

A colpire subito la Magnani è l'errore nel nome del bar. Ferzetti non manda mai messaggi che non siano più che corretti dal punto di vista ortografico, grammaticale e sintattico. Se ha inviato il messaggio scritto in quel modo, vuol dire che era in pericolo: è un segnale, un grido d'aiuto.

«È al Barnout con Barba» sussurra. «È AL BARNOUT CON BARBA!» urla. «È STATO BARBA! Il *Dies irae*! Barba insegna Religione! Dobbiamo andare al Barnout subito, subito! Presto...» Margherita si precipita fuori dall'ufficio di Ciardulli. «ANDIAMO, CRISTIANA, PRESTO, LA MACCHINA, CAZZO!»

Non degna di un saluto Piero, che aspettava fuori dalla stanza e la vede sfrecciare lungo il corridoio. I ragazzi le corrono dietro, come uno stormo di uccelli migratori dietro la loro guida.

«Ma che succede?» domanda Piero.

«Adesso no, zio, poi ti spiego. Donati, andiamo, andiamo, svelto!» Ciardulli avvisa le volanti in zona e segue la Magnani.

Margherita non ha la forza per piangere. È seduta accanto a Cristiana, che guida come una forsennata. Pensa, ricorda, capisce.

«Non ho mai parlato granché con Colagrossi» le aveva detto Barba.

«Conoscevo appena il dottor Edwardes, a dire la verità non mi piaceva.»

Era stata una specie di saetta che gli aveva attraversato la testa. Sentire quella suoneria mentre prendeva il caffè, seduto al bancone del bar, mentre aspettava gli altri, lo aveva riportato al giorno in cui Colagrossi, Taranta e Depalo parlavano di Tiziana Bucciarelli in sala professori. In genere, Ferzetti non arrivava mai in anticipo agli appuntamenti, ma quella mattina Sibir l'aveva svegliato alle cinque perché aveva fame. A quel punto, gli era sembrata una buona idea mettersi a leggere *Metapsicologia* di Freud per riprendere sonno. Non si era riaddormentato, però.

Al Barnout era arrivato con l'autobus, e si era seduto vicino a Barba. Mentre beveva il caffè, il cellulare dell'uomo aveva squillato: la suoneria era quella dei Pink Floyd.

Barba aveva risposto: «Sono al Barnout, Bernardo. No, ho cambiato idea, non mi raggiungere. Io devo sistemare... la questione.»

Ferzetti aveva sentito Lavorino urlare, forse protestare.

«Fai come credi. Te l'avevo detto che a un certo punto avrei messo fine a tutto. Ora sei libero di comportarti come vuoi», e aveva chiuso la conversazione. Si era girato verso il ragazzo, poi aveva guardato Federica, dietro la cassa. C'erano solo loro tre, nel bar. Ferzetti lo aveva fissato come se tutto il terrore del cosmo si fosse concentrato nei suoi occhi. Quello che aveva sentito quel giorno non era il cellulare della Pacinotti. Non era mai stato il cellulare della Pacinotti. Barba aveva ricambiato lo sguardo di Ferzetti senza battere ciglio. «Ehi, cos'è questo sguardo terrorizzato?» dice Barba a Ferzetti. «Ti faccio paura?»

«Io non ho paura, io non so niente.»

Ferzetti vorrebbe non aver parlato. Forse, in fondo, ha ragione la Magnani. Deve imparare a stare zitto.

Barba riduce gli occhi a una fessura, improvvisamente serio. «Non sai niente a proposito di cosa?»

Ferzetti scuote la testa. Non è mai stato bravo a fingere di essere sereno. «Degli omicid...» Nemmeno tenere a freno la lingua è mai stata una sua specialità.

Barba abbozza un sorriso. Annuisce.

In sottofondo c'è solo il rumore metallico delle stoviglie nel lavandino. Il cellulare di Barba squilla di nuovo ma lui non risponde. Ferzetti diventa ancora più pallido.

«So che sei un ragazzo intelligente» mormora Barba. «E io sono stanco. Come l'hai capito?»

Ferzetti ha il fiato corto, non riesce nemmeno a deglutire.

«Avanti, dimmelo.»

Francesco spera che il tremito che lo scuote non gli impasti anche la voce.

Speranza vana.

«La... la suoneria. Era in sala professori, quel giorno, con...»

«Con loro. Con quegli schifosi. Sì, ero io.»

«Era lei...» aveva mormorato Ferzetti.

«Signora, mi faccia la cortesia di chiudere il bar, subito. Tiri giù la saracinesca.»

Federica aveva sgranato gli occhi. «Scusi?»

«Chiuda il bar.»

Barba aveva tirato fuori un coltello dalla borsa sportiva e un sacco nero della spazzatura, arrotolato.

«Lei è pazzo, guardi che io sto lavorando. Se ne vada, mi faccia il favore. E tolga di mezzo quel coltello.»

Ferzetti era quasi del tutto paralizzato dalla paura. Tuttavia, una parte della sua mente gli imponeva di provare a mandare un messaggio alla Magnani, mentre Barba gli stava dando le spalle.

Senza accorgersene, aveva digitato «Barnaut» invece che «Barnout», e aveva premuto invio. Una sola spunta. In fretta, aveva nascosto il cellulare in tasca, mettendolo in modalità silenziosa.

Barba aveva infilato la mano nel sacco, tirando fuori un oggetto molliccio e rosso che poi aveva appoggiato sul bancone.

«Lei abbasserà la saracinesca. Questa è la lingua che ho tagliato alla professoressa Depalo, e questo è il coltello che ho usato per farlo. Ho anche la pistola, nella borsa.»

Federica, sconvolta, aveva premuto il pulsante per abbassare le saracinesche, tentando di non guardare quel muscolo insanguinato che si trovava a qualche centimetro di distanza da lei. Le era venuto un conato, ma aveva troppa paura per permettersi di perdere il controllo. Aveva pensato a Margherita. L'aveva trattata male, il giorno prima, per aver vomitato a terra.

Se Ferzetti avesse avuto il coraggio di guardarsi allo specchio sulla parete di fronte, avrebbe visto che il suo colorito virava al verdastro. Ma non ce la faceva. Inspira con il naso, espira dalla bocca, si diceva. Prima o poi la Magnani leggerà il mio messaggio, si diceva. Devo tornare dai miei genitori, devo rivedere Sibir, non posso non rivedere Sibir.

«E adesso, aspettiamo la Magnani» aveva detto Barba. «Speriamo che legga presto il messaggio che le hai mandato.»

A quel punto, Ferzetti aveva smesso di respirare.

«Voi ragazzi pensate sempre che non vi vediamo quando usate il cellulare, quando copiate, quando chiacchierate, quando suggerite ai vostri compagni. Invece vediamo tutto. Solo che a volte ci fa comodo fingere di essere tonti.»

Margherita scende dalla macchina di Cristiana mentre è ancora in movimento. I muscoli tesi, i piedi ben piantati a terra, le gambe che sfrecciano. Il Barnout, in effetti, è chiuso. Urla: «FRANCESCO! FRANCESCO!»

Nessuno risponde.

«MARCELLO!» grida di nuovo.

«POLIZIA, APRITE!» Ciardulli è dietro di lei. La supera, si piazza accanto alla saracinesca, impugna la pistola e urla: «APRI, BARBA! LASCIA ANDARE TUTTI! VIENI FUORI!»

La scuola tace e osserva, dalla parte opposta della strada. Chiusa nel silenzio, le aule buie, solitarie, la sala professori inutile, i corridoi senza vita. Trattiene il respiro come sempre, quando resta deserta. Stavolta, però, è come se vegliasse, concentrata e sgomenta, sui ragazzi e sui professori.

Margherita vede la serranda sollevarsi lentamente. *Se è successo qualcosa a Ferzetti. Se Barba ha fatto del male a Ferzetti. Se...* Il "se" è una porta socchiusa, è quella saracinesca che si alza a poco a poco, è l'orrore. «Se Marcello Barba ha fatto del male a Ferzetti io lo ammazzo. Lo ammazzo.»

«Lei non ammazza nessuno. La pianti» la rimprovera Ciardulli.

Margherita si rende conto di aver parlato ad alta voce.

«E si sposti da qui, è pericoloso.»

«Io non mi muovo.»

Barba le aveva detto che in quella scuola conosceva pochissime persone. Ora invece la Magnani sa che conosceva Colagrossi, oltre a Lavorino, perché erano arrivati dalla stessa scuola.

«Conoscevo appena il dottor Edwardes.»

«MARCELLO!» urla Margherita, di nuovo. «LASCIA STARE FERZETTI O TI AMMAZZO! LASCIALO STARE, STRONZO!»

La serranda, intanto, continua a sollevarsi, e

oltre la vetrata del Barnout Margherita adesso scorge distintamente Federica, ferma dietro la cassa. Un grumo di sangue sul bancone. E poi Marcello, con la pistola in mano, seduto davanti a Ferzetti. Il ragazzo è accasciato su uno sgabello. È la prima volta da quando la Magnani lo conosce che non lo vede tenere la schiena dritta: sembra un involucro di gomma sgonfio.

«FRANCESCO, STAI BENE?» grida la Magnani, infilandosi sotto la serranda e spingendo la porta a vetri.

Ferzetti annuisce, non riesce a fare altro. Pensa, in quel momento, che forse non riuscirà più nemmeno a parlare, mai più.

Ciardulli si accoda a Margherita ed entra. La serranda si riabbassa dietro di loro.

«Credi veramente che farei del male a Francesco, anche se non si avvale dell'insegnamento della religione cattolica?» Barba si volta verso Ferzetti e gli rivolge un sorriso cupo. «Ho ammazzato tre persone perché odiavano gli studenti. Pensi davvero che io sia come loro?» Marcello Barba si siede sullo sgabello davanti al ragazzo. «Abbassi la pistola, commissario. Mi lasci il tempo di spiegare a Margherita quello che è successo, poi verrò con lei.» Barba ha riconquistato il tono cantilenante che faceva venire l'orticaria alla Magnani.

Margherita guarda Federica, impietrita dietro

il bancone. Si è aggrappata alla cassa, deve aver paura di svenire. Le sorride. Federica vorrebbe gridare, Margherita glielo legge negli occhi.

«Si può sedere, signora» dice Barba, rivolgendosi alla barista.

Federica, appoggiandosi al bancone, si accomoda su uno sgabello accanto alla cassa.

«Tu sei carina. Avrei voluto... Ma tu non volevi...» balbetta Barba, guardando Margherita. «Peccato.»

«Perché li hai ammazzati, Marcello?»

«Ti rendi conto che Costanza Arteni ha iscritto Mamadou a questa scuola perché Colagrossi le aveva assicurato che tutti avrebbero dato una mano a suo figlio? Ti rendi conto?»

Margherita ascolta, suda freddo, forse le è risalita la febbre.

«Ti rendi conto che qualche settimana dopo l'inizio dell'anno scolastico Mamadou è tornato a casa piangendo, dicendo alla madre che voleva morire?»

«Ma non è uccidendo che...»

Barba si passa una mano tra i capelli, sospira.

Il silenzio, adesso, è un succedersi di ricordi nei quali ciascuno ripercorre la strada fatta fin lì.

«Conoscevo Colagrossi dai tempi in cui insegnavo al paritario» riprende Barba. «Conoscevo lui e Lavorino. Colagrossi mi era simpatico, all'inizio. Faceva l'amicone. Mio nipote Cosimo aveva lui come professore. Con mia sorella avevamo deciso di mandarlo al paritario perché era... perché credevamo fosse un ambiente più protetto. Una scuola più piccola, sapete... con meno rischi di bullismo. Cosimo aveva frequentato i primi tre anni in una scuola pubblica, dove però non riusciva ad ambientarsi: abbiamo creduto che...»

Barba si toglie il piumino e lo appoggia sul bancone.

«Cosimo era... un ragazzo fragile, diciamo così. Non aveva molti amici. Soffriva di attacchi di panico, stava sempre per conto suo. Volevamo stare tranquilli... E poi io insegnavo lì, era più comodo per noi, avremmo potuto tenerlo d'occhio.»

Margherita non vorrebbe sapere altro, ma è costretta ad ascoltare. Improvvisamente, dopo i sudori freddi di poco prima, ha caldo. Si sente andare a fuoco. Si tocca la fronte con la mano e stavolta è vero: scotta, scotta da morire, una febbre così non l'ha mai avuta. *Mai.* Deglutisce. *Non posso svenire.*

Ciardulli le appoggia una mano sulla spalla. «Sta bene?» le sussurra all'orecchio.

Lei annuisce.

«All'inizio Cosimo si trovava bene, la scuola gli piaceva, era persino riuscito a fare amicizia con un paio di ragazzi. Di uno mi disse che si era anche innamorato. E pareva fosse ricambiato...» Barba sorride, ripensandoci. «È stato un attimo, è durato pochissimo. Ma è stato l'attimo più bello della nostra vita: la mia, quella di mia sorella e quella di Cosimo. Voi lo sapete che cos'è la normalità? La normalità è una cosa bellissima. Sentirsi normali è bellissimo. È la pace, la voglia di vivere, la sensazione di trovarsi al posto giusto. Per un attimo abbiamo vissuto la normalità, e siamo stati felici. Non chiedevamo chissà cosa, solo di sentirci normali.»

Margherita ha le lacrime agli occhi. Nessuno può capirlo meglio di lei. "Normalità". Che parola inutile e sontuosa. La brama di normalità può trasformarsi in dolore assoluto. Può tradursi in un vuoto senza fine. La normalità è il sogno della sua vita fin da quando era solo una bambina. Rincorre la normalità da sempre, e lo sta ancora facendo, sapendo bene che non la raggiungerà mai. Ma la voce di Barba, adesso, la riporta alla realtà. Al dolore.

«A un certo punto è cambiato tutto. Cosimo era sempre triste. Tornava a casa e si chiudeva in camera sua. Non voleva più andare a scuola. Lavorino era l'insegnante di sostegno di un compagno di classe di mio nipote, e mi raccontò che Colagrossi trattava male Cosimo. Gli faceva battute crudeli. Aveva saputo che Cosimo si era innamorato e un giorno, davanti alla classe, disse:

"L'omosessualità fa schifo, datevi una regolata. Non c'è niente di normale nell'essere omosessuali." Il ragazzo di Cosimo ebbe paura di essere preso di mira e lo lasciò. Gli altri compagni di classe... non tutti, certo, ma molti... si sentirono autorizzati a fare di peggio.»

Barba abbassa lo sguardo.

«Dire che l'hanno preso in giro è un eufemismo. Un giorno, usciti da scuola, lo rincorsero e lo presero a calci nel sedere. Vi lascio immaginare quello che dicevano... "Checca, ti sfondiamo il culo noi, così non lo usi più." E questi erano i complimenti. Anche il suo ex ragazzo, un giorno, si unì al gruppo. "Stammi lontano, frocio!" gli urlò, mentre gli altri lo malmenavano. Quella, per Cosimo, è stata la fine. Continuava a parlare, a mangiare, a dormire, a guardare la televisione, ma non era più lui. Il suo corpo era vivo, ma la mente, il cuore e la sua anima erano persi. Erano già morti.»

Ferzetti, alle spalle di Barba, tiene le labbra socchiuse. A Margherita ricorda la sua gatta, che quando aveva caldo tentava di respirare affannosamente con la bocca. Gli abbozza un sorriso di incoraggiamento, ma Ferzetti scuote la testa in maniera impercettibile. Margherita annuisce. Nella loro lingua, quello scambio significa: non ce la faccio più. E poi: sì invece, ce la fai, ce la fai.

«Lavorino mi raccontava che in sala professori Colagrossi diceva cose irripetibili a proposito di Cosimo. Che era un coglione, che doveva svegliarsi, che bisognava smetterla di trattarlo con i guanti, perché altrimenti avremmo fatto di lui un'ameba, un pupazzo senza spina dorsale. Diceva che la scuola serviva a formare i ragazzi, a rafforzarli, perché ognuno di noi si era trovato a subire qualche presa in giro, eppure era sopravvissuto. A me diceva che con Cosimo dovevo avere più polso, che dovevo smetterla di assecondarlo. All'inizio mi aveva quasi convinto...» Si interrompe di colpo e scoppia in lacrime. È un pianto profondo e viscerale, straziante. Uno di quei pianti che non guariscono, e anzi ammalano ancora di più. «A Cosimo dicevo di non esagerare, di non farla troppo lunga, di rispondere a tono.» Singhiozza. «Ma lui non ce la faceva. Era diventata una sofferenza svegliarsi ogni giorno, andare a scuola. Aveva paura. Lo abbiamo ritirato a novembre. Da allora non è più andato a scuola. Non è più uscito di casa. Tutti i suoi compagni si sono dimenticati di lui. Tutti i professori, *tutti*. Era come se mio nipote non fosse mai nato. A ottobre dell'anno successivo lo abbiamo trovato nel suo letto, morto. Niente overdose di farmaci, né veleno. Non si è suicidato. Semplicemente, è morto di infarto. Solo poi abbiamo scoperto che il suo cuore non era sano.»

«Ma... Marcello, per quanto Colagrossi fosse orribile...»

Barba sbatte il pugno sul bancone. «COSA VORRESTI DIRMI? CHE NON È COLPA SUA? INVECE SÌ, È COLPA SUA, COLAGROSSI ERA UN ASSASSINO! E ANCHE TARANTA! E PURE DEPALO!» Grida con tutte le lacrime che ancora non ha pianto. Non è la persona mite e soporifera che la Magnani ha conosciuto. Adesso, anche lei ha paura. «DOVEVANO MORIRE. GENTE COSÌ NON PUÒ ROVINARE I RAGAZZI!»

Scoppia in lacrime. Il suo, adesso, è un pianto acuto e tintinnante. Somiglia a un vaso di cristallo che va in frantumi.

«Lavorino è entrato di ruolo due anni fa e gli hanno assegnato questa scuola. Ha continuato a raccontarmi di Colagrossi, di quello che faceva, di quello che diceva degli studenti, dei colleghi. E così, l'anno scorso, sono arrivato qui anch'io. Sapessi quando mi ha visto...» Scoppia a ridere. Margherita ha più paura di quella risata che della sua rabbia. «"Carissimo, ma allora è vero che ogni caos contiene un cosmo!" Citava Jung, quel maledetto. Ma si era incupito, non se l'aspettava. Mi ha chiesto di Cosimo, e io l'ho guardato dritto in faccia e gli ho detto: "È morto." Lui ha fatto un'espressione triste, di circostanza, poi mi ha dato una pacca sulla spalla e mi ha detto: "Si vedeva che era un ragazzo fragile, peccato."»

«Regalala» aveva detto a Margherita. «Se non puoi tenere la gatta, regalala.» Era proprio nello stile di Colagrossi: anaffettivo, gelido, opportunista, egoriferito, completamente privo di empatia. Una scrollata di spalle davanti al dolore altrui, e fine.

«Poi, un giorno, poco dopo l'inizio dell'anno scolastico, Lavorino mi ha detto di Mamadou. E lì ho capito. Lì mi sono detto: PECCATO, PECCATO!» Barba urla di nuovo, e stavolta scatta in piedi. «PECCATO CHE MORIRAI TU!, ho pensato in quel momento. E mi sono sentito meglio. Molto meglio.» Un sorriso da clown folle gli taglia in due la parte inferiore del viso. La sua voce, di colpo, si fa più dolce. «Mi ha raccontato anche quello che ha fatto a te, Margherita, davanti a tutta la classe. Poi, un giorno, il suo delirio di onnipotenza ha toccato l'apice. PECCATO! PECCATO CHE FOSSI PRESENTE ANCH'IO!» Sbatte di nuovo il pugno sul bancone, si alza, afferra la lingua insanguinata di Croci e la getta a terra. «DOVEVANO PAGARE! TUTTI E TRE!»

Margherita guarda Ferzetti, che continua a scuotere la testa, disperato. Nella loro lingua significa: non ce la faccio, non ce la faccio più.

«Puoi lasciare andare Ferzetti, per favore? Sta male, lascia uscire almeno lui.»

«No, deve ascoltare. Signora», e si rivolge a Federica, «può fare un caffè a Francesco?» Si gira e dà una pacca sulla spalla di Ferzetti. «Qualche altro minuto, Francesco, coraggio. Poi finisce tutto.»

Poi finisce tutto.

Barba ha detto che non farebbe mai del male a un ragazzo, ma è il caso di credere a uno spietato pluriomicida?

Federica mette la tazzina sotto la macchina per il caffè.

Barba si gira verso Ferzetti. «Francesco è un ragazzo intelligente. Quel giorno c'ero anch'io in sala professori. Francesco ha sentito il mio cellulare squillare. Stamattina mi ha chiamato Lavorino, mentre ero qui, e Francesco ha capito tutto. Ma per carità...» Barba comincia a girare tra i tavolini del bar, la pistola puntata verso il basso, gli occhi a terra. «Io *volevo* essere scoperto. Mi sarei consegnato di persona, prima o poi. Quando ho visto che Francesco... Be', ho deciso che mi sarei consegnato proprio oggi.»

«E Lavorino?» Ciardulli, dietro Margherita, prende la parola, e tutti sobbalzano. «Sapeva tutto?»

«Sapeva, sì.»

«E dov'è adesso?»

«E chi lo sa? Io gli ho detto che poteva fare quello che voleva, ma io avrei raccontato tutto.»

Ciardulli fa per prendere il cellulare, ma Barba gli urla contro: «DOPO! HO DETTO CHE PRIMA DEVO RACCONTARE TUTTO!»

Il commissario resta bloccato con il braccio lungo il fianco, la mano appoggiata sulla tasca dei pantaloni.

«Non sarei riuscito a portare a termine il mio compito senza il suo aiuto e quello di Costanza Arteni. La Arteni mi ha fornito un alibi per tutti e due gli omicidi.»

«Anche la Arteni sapeva, quindi?» chiede il commissario.

Barba agita una mano davanti al viso. «Che importanza ha? La Arteni voleva aiutarmi, a lei non ho mai detto quello che stavo facendo, quello che avevo fatto. Sapeva solo che volevo farla pagare a Colagrossi, e tanto le bastava.» Barba scoppia a ridere e butta la testa all'indietro. «E voi credevate che fosse stata Margherita! Margherita: ma vi rendete conto? Margherita! Una che ha paura pure della sua ombra!»

La Magnani aggrotta la fronte. *Ma come si permette? Paura, io? Io potrei benissimo uccidere, che ne sa questo cretino?* Si tocca le guance, con la sensazione di andare a fuoco. *Questa è broncopolmonite. Se non muoio ammazzata da Barba, morirò di febbre.*

«Le mani di Colagrossi, la lingua di Depalo.

Tutto il sangue che ha ripulito. Non ha lasciato tracce, niente di niente.»

«Esistono i sacchi della spazzatura. Quando Depalo mi ha visto arrivare sotto i portici combinato in quel modo, coperto di plastica nera dalla testa ai piedi, stava per morire d'infarto. Mi è bastato dirle che sapevo chi era l'assassino per convincerla a raggiungermi sotto i portici a quell'ora. Quanto le piaceva chiacchierare...» Barba lo dice con disprezzo. «Con lei è stato facilissimo.»

«E Colagrossi? Con lui come hai fatto?»

«Colagrossi... Gli ho chiesto di trattenersi dopo il consiglio di classe. Mi ha risposto che tanto la scuola la chiudeva lui. L'ho trovato ancora in aula. Mi ero nascosto nel bagno di fronte. Quando mi ha visto arrivare insacchettato nella plastica è scoppiato a ridere. E ho riso anch'io. Mi sono avvicinato e gli ho appoggiato la pistola alla tempia. A quel punto l'espressione sulla sua faccia è cambiata. E voi dovreste saperlo bene, che faccia aveva...» Ridacchia sottovoce. «Poi gli ho tagliato le mani, a quel vigliacco che una mano non la dava mai!» Ha la voce roca per la rabbia.

Ferzetti, pallido ma, grazie al secondo caffè, più presente a se stesso, alza gli occhi al cielo, ormai consapevole che la sua teoria sul tatto era solo un abbaglio.

La Magnani gli scocca uno sguardo che significa: te l'avevo detto che il tatto non c'entrava niente!

E Ciardulli, dietro la Magnani, sussurra: «Il tatto, eh?»

«Mi sono portato dietro stracci, spugne e detergenti. Ho lavato via tutto il sangue, non perché avessi paura di lasciare tracce, ma perché, secondo me, Colagrossi non era davvero umano, bensì un automa crudele. Non aveva sangue perché non aveva cuore. Quando sono tornato a casa ho buttato tutto in cantina. Sacca, plastica, stracci. Mi sono detto che, in fondo, il mio scopo era togliere di mezzo Colagrossi, perché non nuocesse più alla scuola e ai ragazzi, ed ero disposto anche a essere scoperto, anche a pagare il prezzo della galera. Ma i giorni passavano e nessuno mi fermava. E così sono andato avanti. Ho continuato con Taranta e Depalo.»

«E come sei uscito dalla scuola?» lo interrompe Margherita.

«Dimentichi che io vado in palestra. E questa scuola è un colabrodo. Le finestre sono rotte, i ragazzi d'inverno hanno sempre freddo. Mi sono affacciato e sono saltato giù dal lato dei portici.»

«Non è vero che vai in palestra tutti i giorni. Sofia e Flavia non ti vedevano da tempo. Incrociavano Lavorino, ma non te. Per esempio quel giorn—»

«Il giorno del collegio docenti? Quando vi ho fatto trovare quel messaggio? Vi ho persino messi sull'avviso, ma nonostante questo non siete riusciti a fermarmi.» Barba ride, e Margherita suda di nuovo freddo. Vorrebbe che fosse triste, che fosse mesto come al solito. Vederlo ridere le fa più paura di *Profondo rosso*.

«Sì, quel giorno...» dice la professoressa.

«Quel giorno ho detto che ero andato in palestra, e invece mi ero infilato in aula magna per nascondere il foglio sotto il computer. Poi sono corso fuori. Sono stato fortunato, i collaboratori avrebbero potuto vedermi, il foglio avrebbe potuto essere scoperto prima. E invece... che splendido colpo di scena, non credete? Perfetto anche questo!» Barba ha gli occhi scintillanti. Batte un piede a terra, per enfatizzare il suo successo.

Margherita stenta a credere che quello sia l'insegnante di Religione che ha evitato per tutto quel tempo.

«Come mai non mi chiedete di Taranta? Ma sì, vi capisco. Taranta è una figura squallida, un gregario. A Taranta ho detto che volevo vederlo da solo, che dovevamo incontrarci nei bagni della scuola, di sera. In quello al secondo piano. È un bagno spazioso, saremmo stati comodi...» Strizza l'occhio a Margherita. «Non l'avevi capito? Taranta è gay. O meglio, *era* gay. Ma non aveva mai fatto *coming out*. Lui ha accettato, gli pareva una situazione eccitante...»

Margherita si volta verso Ciardulli, sbigottita. «Lei lo sapeva?»

Il commissario fa spallucce. «Non avevamo certezze, ma...»

«Sì, certo, come no!» Margherita fa un gesto irritato con la mano, come a scacciare le parole di Ciardulli.

«Lui si è nascosto nel bagno più grande, e io mi sono nascosto nell'altro, quello accanto, un po' più piccolo. Poi, quando tutti sono usciti, sono andato da lui.» Ride a crepapelle. «TUTTI E TRE STAVANO PER MORIRE D'INFARTO, QUANDO MI HANNO VISTO, PECCATO CHE INVECE HO DOVUTO AMMAZZARLI IO. PECCATO!» Guarda prima Ferzetti, che si affretta ad annuire. Poi fissa Margherita e Ciardulli, sgranando gli occhi. «Cos'è, non dite niente?» Butta la pistola a terra. «Non rispondete. Nessuno risponde mai.»

Appena Federica vede che Barba è disarmato, preme il pulsante della serranda elettronica.

«Adesso ho finito. Ho ripulito la scuola da quei criminali. Potete anche arrestarmi.»

Ferzetti sfreccia fuori dal Barnout, e quando passa accanto alla Magnani se la tira dietro. Ciardulli, con la pistola in mano rivolta verso il basso, si avvicina a Barba.

La prima cosa che Margherita vede appena esce dal Barnout sono le volanti della polizia e tutti i ragazzi che corrono incontro a lei e a Ferzetti. Cristiana l'abbraccia stretta. Piero, invece, chiede: «E mio nipote? Mio nipote dove sta?»

«Ferzetti...» dice Margherita.

«Sto qui, professoressa.» Il ragazzo è alla sua sinistra. Fissa la Magnani, inespressivo.

«Stai bene?»

«Forse. E lei?»

Margherita lo guarda, poi vede Cristiana davanti a sé, e infine, con l'abbandono di chi sa di essere scampato alla morte, sviene.

10

L'ambulanza si ferma davanti al Barnout.

Margherita riemerge dallo stato d'incoscienza e sente uno dei due soccorritori dire: «Se era di nuovo per quella rompicoglioni della preside ti giuro che mi rifiutavo.»

L'altro ride. «Per fortuna la scuola è chiusa.»

«Ehi, ehi, signora, mi sente?» domanda il primo. «Come si chiama? Che giorno è oggi?»

«Come sto?» chiede Margherita, di colpo con gli occhi sbarrati. «Ho la broncopolmonite, vero? Mi avete misurato la febbre? Ho avuto un infarto?»

Sente la voce di Cristiana dietro i soccorritori dire: «Sta benissimo, si è ripresa.»

I ragazzi gridano, qualcuno applaude. Flavia piange abbracciata a Daniele. Ferzetti fuma una sigaretta mentre Sofia gli accarezza i capelli.

«Signora, come si chiama? Sa dirmi che giorno è?»

«Margherita Magnani. Oggi è il 24 novembre.

Vedete quel ragazzo? Chiedete a lui se sta bene, tanto io sto per morire, ormai.»

I soccorritori alzano gli occhi al cielo.

«Hai capito, sì?» dice uno.

«Ho capito, ho capito. Il tipo peggiore. L'ipocondriaca cacasotto.»

Piero porta a tavola i bucatini all'amatriciana e poi si siede. «Ma dimmi tu se dovevo invitare a cena tutta questa gente» borbotta tra sé. «È colpa tua. E tua», e indica prima il nipote e poi Margherita. «Io che i professori non li ho mai sopportati. Mi tocca offrire la cena pure alla concorrenza. Giusto perché stamattina sei svenuta, sennò mica mi ci mettevo a cucinare...» conclude, rivolgendosi alla Magnani.

Federica sorride. «Dai, Piero, che la settimana prossima ricambio!»

«Ma tu sei matta, te pare che me vengo a rovina' il fegato con gli impiastri che prepari in quel bar?»

Sono in tanti, quella sera, al Bar Barossa. Il proprietario ha chiuso il locale, e da fuori si sentono voci e risate. I portici non sono mai stati così rumorosi e vivi.

I ragazzi si lanciano sulla pasta, Tarek dà una forchettata sul dorso della mano di Daniele.

«Oh, ce n'è un'altra pentola, nun litigate, ché sennò vi faccio lava' i piatti.»

Ciardulli va a prendere il vino e lo porta in tavola.

«Stasera brindiamo a Margherita.» Cristiana alza il bicchiere pieno di Primitivo di Manduria. «Che nonostante tutto è ancora viva.»

La risata copre qualsiasi altro rumore, ed è una risata che accarezza il viso di tutti i commensali.

«Ma mica perché ha rischiato de esse' ammazzata da quello, eh. No, no. Perché nun è morta de febbre!» tuona Daniele.

«Io brinderei anche a Ferzetti, però» interviene Margherita. «È stato coraggioso. Dall'inizio alla fine.»

Ferzetti si alza in piedi, serio, austero. «Dato che me lo chiedete in tanti, allora, farò un discorso.»

Viene sommerso dagli «Ahó, ma chi te l'ha chiesto?», «Ma mettete a sede'!», «A France', datte 'na regolata», e ciò nonostante resta immobile, impermeabile a quei commenti.

«Innanzitutto, ci tengo a sottolineare che l'inglese è la più morta delle lingue vive. Mi dispiace, professoressa, ma ormai lo avrà capito anche lei.»

«*Anche io* in che senso?»

«Nel senso che alcuni di noi ci mettono più tempo ad arrendersi all'evidenza. Ma torniamo ai ringraziamenti: ringrazio il mio gatto, Sibir, perché se non ci fosse stato lui il caso non sarebbe stato risolto, ma soprattutto quel giorno io non sarei stato in grado di farmi forza.»

Margherita ha gli occhi lucidi. *Sibir. Margot. Sì. È anche grazie a loro se sono venuti a capo di quel mistero.*

«Poi ringrazio il cinema d'autore. La professoressa sicuramente sa perché, a voi plebe non ho voglia di spiegarlo.»

«Grazie, eh!» commenta Rabhil.

«Caruccio» rincara Tarek.

«Sì, e noi cvetini che ci siamo puve pveoccupati pev lui.» Bolivia, con quella frase piena di *evve*, fa ridere tutti.

«Un grazie anche a nome mio, Ferzetti» dice Ciardulli.

«Ah, le forze dell'ordine. Giusto.»

«Ferzetti, si sieda» gli ordina Margherita. «Scherzi a parte: grazie, commissario. Grazie davvero a tutti voi che mi avete sopportato. Anche se non sto benissimo...»

E a quel punto parte un «E BASTAAA!» che dura almeno trenta secondi.

«HO CAPITO, SCUSATE. Allora, ci riprovo grazie, e basta così.»

Ciardulli sbuffa: «Io sono contento, ci mancherebbe, ma Lavorino ancora non lo abbiamo preso, e la Arteni... Insomma, la sua posizione è controversa. Non tutto è stato chiarito. Sappiamo solo chi è l'assassino, e da poliziotto...»

«Mi dispiace tanto per Mamadou, l'ho chiamato per invitarlo stasera, ma mi ha detto che non si trova a Roma...» Sofia si è rattristata. «Dice che sta dalla nonna, in Abruzzo. Forse la mamma l'ha mandato dai nonni per tenerlo fuori da tutto...»

Flavia annuisce. «Povero Mami. Spero che la mamma ne esca pulita.»

«Comunque, stavo dicendo che io, da poliziott—»

«TU DA POLIZIOTTO ADESSO STAI ZITTO E MANGI!» grida Piero al nipote. «Sennò la pasta si fredda, e il sugo tiepido fa schifo.» Si gira verso la tavolata. «Questo tipetto qui l'abbiamo cresciuto io e mia moglie, quando attacca a chiacchiera' non la smette più... Povera quella santa donna che l'ha sposato!»

La Magnani ride rumorosamente.

Ciardulli la fulmina con lo sguardo.

«Commissario, su, non faccia il permaloso. Guardi che il tenente Colombo era un genio, eppure tutti lo prendevano per cretino. Sa che una volta una donna l'ha umiliato dicendogli: "Non a tutti gli uomini piace avere l'aspetto di un letto disfatto"? Gli ha detto proprio così. Potrebbe comprarsi un impermeabile di seconda mano, farebbe un figurone!» lo punzecchia Margherita.

«Capirai, se nun je lo dicevamo noi di rifarsi i denti, ancora stava...»

«OH, ZIO! ADESSO BASTA, PERÒ. SU. MANGIA!» grida Ciardulli.

«Comunque...» La voce di Federica arriva dopo circa un paio di minuti durante i quali tutti sono stati impegnati a masticare. «In fondo, io Barba lo capisco...»

Nessuno le risponde. Daniele osserva tutti con aria circospetta, evitando lo sguardo di Ciardulli e limitandosi ad annuire. Anche Flavia e Sofia annuiscono. Così come Tarek, Marco, Bolivia e Rabhil.

Flavia si gira verso Margherita, che le sorride. La professoressa conosce tutti i loro pensieri, le loro reazioni, la loro rabbia. Li capisce. «Grazie, ragazzi. Grazie, Daniele. Sei sempre un tesoro con me.»

Daniele arrossisce.

«Sei un bravo ragazzo» aggiunge la Magnani. «È evidente che lo sei. Lo sappiamo tutti.»

Ancora silenzio, un silenzio che corrisponde a un *sì*. Daniele guarda Ciardulli di sottecchi, ma il commissario finge di leggere l'etichetta della bottiglia di Primitivo.

«È per questo che ti vogliamo bene, Ma'» dice Flavia. «Per *questo*.» Non gliene frega niente se gli altri capiranno a cosa si riferisce, a lei basta che lo capisca la Magnani. Per queste cose che dice e che fa, lei sarà sempre grata a quella donna. Perché la Magnani li ha *visti*.

Ciardulli si schiarisce la voce. «Lei sta simpatica a mio zio, come le ho detto. È stato questo a convincermi definitivamente del fatto che non poteva essere un'assassina.»

«Te pareva che questa poteva ammazza' qualcuno? Ma se c'ha paura pure dell'aria che respira!»

Margherita si acciglia: quale paura? Lei non ha mai paura. *Dove la vedono tutta questa paura? A parte la paura di morire, ovviamente.* Prende fiato e guarda tutti negli occhi, uno per uno. Poi riabbassa lo sguardo e riprende ad attorcigliare i bucatini. «Io spero solo che questa storia vi abbia convinto a farvi i ca... gli affari vostri, miei adorati ragazze e ragazzi. La prossima volta che mi dite che ho bisogno di un uomo ve la scordate, la Magnani. Per sempre.» Infila in bocca una forchettata di bucatini e, mentre mastica, sorride soddisfatta. «Vi rendete conto che secondo voi...», guarda Sofia, inarcando un sopracciglio, «io mi sarei dovuta mettere con Barba?»

Sofia tossicchia. Tarek alza gli occhi al cielo, fingendo indifferenza.

«La piantate di volermi "sistemare" con un uomo? Sapete chi mi ricordate? LA BUONANIMA DI CROCI DEPALO!»

Un coro di proteste, qualcuno ride, Sofia si scusa. Tarek, Boliva e Rabhil scuotono la testa e sussurrano: «Comunque 'na donna sola nun è normale. All'età sua, poi!»

«Io sto benissi—»

Ferzetti la interrompe alzandosi di nuovo in piedi: chiede l'attenzione di tutti, vuole dire una cosa importantissima alla Magnani. Ha un'espressione concentrata.

«Zitti un po', che il nostro eroe, qui, deve parlare.» Piero lo canzona, con fare bonario.

Ferzetti tossicchia, beve un sorso di Primitivo, si passa la mano sui capelli pettinati e il mento levigato. «È arrivato il momento di prendere atto di una cosa, professoressa. Si tratta di una cosa importante, che darà una svolta alla sua vita.»

«E parla, su!» Daniele sbuffa.

«Dai, Francesco, parla!» insiste Sofia. «Sei insopportabile quando fai così!»

«Solo quando fa così?» dice Flavia.

Ferzetti tossicchia di nuovo. La sua voce, ora, è perfettamente impostata. «Lei ha ragione: è una donna libera, indipendente. Ha il diritto di decidere cosa fare della sua vita. Lo sapete che oggi è il 25 novembre, fra l'altro?»

«E quindi?» interviene Marco.

«E quindi, caro amico, il 25 novembre è la giornata mondiale contro la violenza sulle donne. Non lo sai? Non lo sapete? Lei, professoressa, lo sa?» Fa un sorrisino. «È per questo che ho pensato di regalarle un'epifania.»

Margherita lo osserva, incuriosita. «Mi regala un'epifania?»

«Le regalo una rivelazione, sì.»

«Dica, l'ascolto.»

«Professoressa...» Ferzetti si schiarisce la voce. In quel momento nessuno parla, nessuno beve, persino Piero se ne sta lì, seduto ad ascoltare, e anche Ciardulli ha appoggiato il viso alla mano e osserva Francesco con un misto di curiosità e rassegnazione. «Professoressa, glielo dico davanti a un importante esponente delle forze dell'ordine: ma si rende conto o no che l'unico uomo che ha rimorchiato negli ultimi anni era un assassino folle e sanguinario? Non la esalta questa combinazione perfetta di Eros e Thanatos?»

Ringraziamenti

Ringrazio il mio amico Marco de Franchi, scrittore raffinato, che mi ha aiutato a sciogliere nodi complicati.

Dico grazie alla mia amica e collega Flavia D'Arpino, che mi ha fatto venire voglia di capire la matematica e la fisica (e che continua a sopportarmi, nonostante me).

Grazie a Chiara Valerio: è il nostro quarto libro insieme e il mio primo romanzo giallo. Se non è fiducia questa.

Grazie a Claudio Panzavolta per lo sguardo attento e la precisione del suo lavoro.

A Rosanna Spinazzola, Chiara Tiveron, Benedetta Senin, Virginia Felloni: grazie, ve lo scrivo qui, ora, per tutto quello che è stato e che sarà.

A Patricia Chendi: se l'amore dipendesse dal "qui" e dall'"ora" non sarebbe amore. Grazie, Pat, per tutta la tua luce.

A Stefano Fiorini, Flavia Petralia, Francesca Riccio: «Chi ama deve condividere la sorte dell'amato» scrive Michail Afanas'evič Bulgakov. Siete, da sempre, un dono e un privilegio.

E grazie alle mie ragazze e ai miei ragazzi, passati, presenti e futuri.

È, e sarà sempre, tutto, per voi.

Nota

Questo libro è stato scritto durante l'estate 2023, precisamente tra luglio e agosto, quando la temperatura massima ha toccato ripetutamente i quarantatré gradi.

A parte il ventilatore puntato a cinque centimetri dal portatile, questo è l'elenco dei film che guardavo senza soluzione di continuità durante la stesura del romanzo e che mi hanno aiutato a sopravvivere:

Angoscia (George Cukor, 1944),
Io ti salverò (Alfred Hitchcock, 1945),
Il delitto perfetto (Alfred Hitchcock, 1954),
La donna che visse due volte (Alfred Hitchcock, 1958),
Psycho (Alfred Hitchcock, 1960),
Gli uccelli (Alfred Hitchcock, 1963),
Marnie (Alfred Hitchcock, 1964),
Profondo rosso (Dario Argento, 1975),

Bianco, rosso e Verdone (Carlo Verdone, 1981),
Borotalco (Carlo Verdone, 1982),
Acqua e sapone (Carlo Verdone, 1983),
Compagni di scuola (Carlo Verdone, 1988),
Fargo (Joel ed Ethan Coen, 1996),
Match Point (Woody Allen, 2005),
Funeral Party (Frank Oz, 2007),
Burn After Reading (Joel ed Ethan Coen, 2008),
Tutte le stagioni di *Colombo* (Richard Levinson e William Link, 1968-2003).

Stampato da
Rotolito S.p.A., Pioltello (MI)
per conto di Marsilio Editori® in Venezia

EDIZIONE	ANNO
10 9 8 7 6 5 4 3 2 1	2024 2025 2026 2027 2028